U0798395

班组长能力提升系列题库

# 班组长
# 创新和数字化管理能力题库

中华全国总工会劳动和经济工作部　技能强国-全国产业工人学习社区◎编

中国工人出版社

**图书在版编目（CIP）数据**

班组长创新和数字化管理能力题库 / 中华全国总工会劳动和经济工作部，技能强国-全国产业工人学习社区编. —北京：中国工人出版社，2024.4
ISBN 978-7-5008-8440-8

Ⅰ.①班… Ⅱ.①中… ②技… Ⅲ.①班组管理—创新管理—习题集
Ⅳ.①F406.6-44

中国国家版本馆CIP数据核字（2024）第072374号

班组长创新和数字化管理能力题库

---

| | |
|---|---|
| **出 版 人** | 董　宽 |
| **责任编辑** | 孟　阳 |
| **责任校对** | 张　彦 |
| **责任印制** | 栾征宇 |
| **出版发行** | 中国工人出版社 |
| **地　　址** | 北京市东城区鼓楼外大街45号　邮编：100120 |
| **网　　址** | http://www.wp-china.com |
| **电　　话** | （010）62005043（总编室）<br>（010）62005039（印制管理中心）<br>（010）62379038（职工教育编辑室） |
| **发行热线** | （010）82029051　62383056 |
| **经　　销** | 各地书店 |
| **印　　刷** | 天津中印联印务有限公司 |
| **开　　本** | 880毫米×1230毫米　1/32 |
| **印　　张** | 6.875 |
| **字　　数** | 129千字 |
| **版　　次** | 2024年4月第1版　2024年5月第7次印刷 |
| **定　　价** | 18.00元 |

---


**本书如有破损、缺页、装订错误，请与本社印制管理中心联系更换**
**版权所有 侵权必究**

# 目　录
CONTENTS

# 单项选择题

1. 能否完成重大创新，拥有（　）是一个关键。

A. 实践能力　B. 整合多种能力的能力

C. 组织协调能力　D. 创造能力

2. 玩具狗与电话答话装置、真空吸盘与增压容器，这些东西通常毫不相关，把它们结合起来就变成了发明。从形成专利权的创造性角度看，这属于（　）。

A. 原创性的技术发明　B. 改进性的技术发明

C. 组合性的技术发明　D. 结构性的技术发明

3. 将品牌各异、外观不同、具有拨打电话等功能的机器统称为“手机”，这体现了思维的（　）。

A. 间接性　B. 概括性

C. 总结性　D. 超越性

4. 人们通过对云杉的结构分析，设计出了圆锥形的电视塔，使其既有抗各向风力的性能，又能满足发射信号的需要。这运用的是（　）方法。

A. 对称类比　B. 直接类比

C. 综合类比　D. 拟人类比

5. 班组人工智能应用中，可以通过（　）来评估其应用效果。

A. 仅看成本降低程度

B. 仅依赖员工反馈

C. 综合分析生产效率、质量等指标

D. 无须评估

6.（　）是指在解决问题时运用与所解决问题无关系的图片，进行强制联想，从而启发思维的措施。

A. 焦点联想法　　B. 图片联想法

C. 自由联想法　　D. 文字联想法

7. 人工智能系统的学习能力主要依赖于（　）技术。

A. 专家系统　　B. 机器学习

C. 自然语言处理　　D. 自动规划

8. 影响科学技术发展的外部条件归纳起来不外乎（　）。

A. 客观因素　　B. 主观因素

C. 自然条件和社会条件　　D. 政治背景

9. 从技术手段和技术环境而言，商业信息化包含了（　）。

A. 电子化、自动化、网络化、智能化

B. 电子化、合理化、信息化、智能化

C. 自动化、网络化、智能化、合理化

D. 自动化、网络化、信息化、合理化

10. 人性化的自动化，是把人的智慧和机械设备有机组合的行为。一旦发生异常状况，机器就立即停止，查明原因，实现了（　）。

A. 准时化　　B. 省人化

C. 自动化　　D. 信息化

11. 下面不属于人工智能研究基本内容的是（ ）。

A. 机器感知　　B. 机器学习

C. 自动化　　D. 机器思维

12. 模型训练的目的是确定预测变量与（ ）之间的推理方式。

A. 目标值　　B. 结果

C. 自变量　　D. 因变量

13. 人工智能“两库一平台”提供（ ）等功能。

A. 智能数据、模型开发、模型中心、预测服务、智能边缘、共享中心

B. 样本中心、模型中心、应用中心、权限管理、智能边缘、共享中心

C. 资源管理、数据管理、应用管理、权限管理、设备管理、共享管理

D. 数据库、样本库、模型开发、预测服务、智能边缘、共享管理

14. 统计过程控制（SPC）在生产中主要用于（ ）。

A. 预测产品需求　　B. 控制和改进生产质量

C. 资源采购　　D. 客户服务

15. 从加工程度看，（ ）属于数据产品中的应用类产品。

A. 洞见与行动　　B. 实施指南

C. 桌面应用　　D. 语料库

16. 网站方式是将信息组织成一个个页面，页面不对（　）作全面介绍。

A. 某机构　　B. 个人

C. 专题　　D. 组织

17. 智能制造对人工智能的需求主要表现在以下三个方面：智能装备、智能工厂和（　）。

A. 智能服务　　B. 智能机器人

C. 智能系统　　D. 智能应用

18. 数字化工厂的建设阶段不包括（　）。

A. 互联化　　B. 机械化

C. 智能化　　D. 数字化

19. 工艺管理系统（PMS）不包括（　）功能。

A. 工艺流程设计　　B. 生产设备配置

C. 质量控制　　D. 市场定位分析

20. 在先进的生产管理系统中，实时监测和控制技术不包括（　）。

A. 设备状态监测　　B. 能耗管理

C. 质量控制　　D. 个人工资核算

21. 在班组人工智能应用中，（　）有助于处理数据的隐私和安全问题。

A. 无须特别关注　　B. 仅依赖技术防护

C. 制定严格的数据管理制度　　D. 随意共享数据

22. 在学习时，虽然也遇到过稍微复杂的数学问题、物理问题，但多数情况下是把类似的问题拿来照搬，也因为这样往往缺乏深入思考，导致解题失误。这属于（　）思维障碍。

A. 权威型　　　　B. 习惯型

C. 直线型　　　　D. 从众型

23. 为了保证制造过程的稳定性和产品的一致性，应用（　）技术是关键。

A. 故障模式和影响分析（FMEA）

B. 计算机辅助设计（CAD）

C. 直接数字控制（DNC）

D. 整体制造系统（IMS）

24. 涉及国家秘密的计算机，不得（　）与国际互联网或公共信息网络相连接，必须实行物理隔离。

A. 直接地　　　　B. 间接地

C. 直接或间接地　　　　D. 以上都不是

25. 人工智能的（　）只是使用计算机模仿人类视觉的科学，让计算机拥有类似人类提取、处理、理解和分析图像及图像序列的能力。

A. 生物特征识别　　　　B. 计算机视觉

C. 知识图谱　　　　D. 语言处理

26. 人工智能的基本原理主要包括（　）。

A. 机器学习　　B. 逻辑推理

C. 知识表示　　D. 以上都是

27. 创新思维的训练，创新能力的培养，归根结底依赖于（　）。只有积极参与创新实践，在实践中发挥创造力，不断开发、增强自己的创新能力，才能有所成就。

A. 实践　　B. 意识

C. 知识　　D. 行动

28. 要发挥创造力潜能，真正做出创造性的成果，必须有很强的（　）才行。

A. 动机　　B. 热情

C. 知识　　D. 兴趣

29. 创新能力强的人，（　）总是十分广泛，对任何事情总是抱有一种好奇的心理，他们总是善于在自己接触到的现象，特别是新奇的现象面前提出问题。

A. 想象　　B. 爱好

C. 知识　　D. 以上都不是

30. 创新思维是一种由多种思维要素、思维能力互相作用、协同进行的系统化思维过程，具有思维的（　）。

A. 互动性　　B. 特殊性

C. 整体性　　D. 以上都不是

31. 知识经济下的知识，不是指知识的储存，而更多指的是知识的（　）。

A. 研究与应用　　B. 复制与更新

C. 整合与运用　　D. 以上都不是

32. 能源管理系统（EMS）主要用于解决（　）的问题。

A. 降低原材料成本　　B. 提升能效

C. 增强市场竞争力　　D. 人才招聘

33. 班组信息化管理的主要作用不包括（　）。

A. 提高信息准确性　　B. 延长生产周期

C. 增强快速反应能力　　D. 提升劳动生产率

34. 数字孪生技术主要用于（　）。

A. 减少市场风险　　B. 提高生产透明度

C. 增强客户互动　　D. 执行合同自动化

35.（　）不是制造执行系统（MES）对企业资源计划（ERP）的补充。

A. 提供车间层面的实时数据　　B. 优化生产调度

C. 增强客户关系管理　　D. 进行市场分析

36. 在班组信息化管理中，信息安全管理制度的主要目的是（　）。

A. 提高生产效率　　B. 保障信息安全

C. 增加员工娱乐　　D. 优化生产流程

37. 在产品设计中，（　）不是考虑使用 CAD 软件的理由。

A. 加快设计流程　　B. 提高设计精确度

C. 增加手工绘图的技能　　D. 便于修改和存档设计方案

38. 人工智能在班组培训中的应用主要体现在（　）方面。

A. 替代培训师　　B. 提供个性化学习路径

C. 增加培训时长　　D. 降低培训效果

39. 班组信息化管理的主要目标是（　）。

A. 提高生产效率　　B. 降低员工工资

C. 增加工作时间　　D. 减少设备投入

40. 生成式 AI 将带来的改变是（　）。

A. 生成式 AI 将极大地降低生产力

B. 生成式 AI 将颠覆各个行业

C. 在未来，需要更多的专业程序员

D. 生成式 AI 将降低人力资源管理的效率

41. 下列关于大数据的分析理念的说法中，错误的是（　）。

A. 在数据规模上强调相对数据而不是绝对数据

B. 在分析方法上更注重相关分析而不是因果分析

C. 在分析效果上更追求效率而不是绝对精确

D. 在数据基础上倾向于全体数据而不是抽样数据

42. 供应链管理系统（SCM）不直接处理（　）业务流程。

A. 供应商管理　　B. 库存控制

C. 运输物流　　D. 员工培训

43. 在供应链管理系统（SCM）中，不包括（　）环节。

A. 供应商选择　　B. 产品设计

C. 运输管理　　D. 库存控制

44.（　）不是智能物流系统（ILS）的应用。

A. 自动化分拣　　B. 货物追踪

C. 运输车辆调度　　D. 社交媒体营销

45. 新能源技术的发展是以（　）利用为标志的。

A. 核能　　B. 太阳能

C. 原子能　　D. 风能

46. 杂交水稻这种重大创新和突破性创新成果，是（　）的结果。

A. 袁隆平个人创新　　B. 对理论完全颠覆

C. 袁隆平及创新团队努力　　D. 理论指导

47. 团队管理塑造的是创新团队的硬实力，（　）塑造的是创新团队的软实力。

A. 制度建设　　B. 创新文化

C. 员工培养　　D. 技术革新

48. 质量管理系统（QMS）不直接涉及（　）方面。

A. 产品设计　　B. 生产过程

C. 员工培训　　D. 市场推广

49. 信息化项目管理分为项目启动、计划、实施、（　）这五个阶段。

A. 运行、设计　　B. 设计、验收

C. 预算、汇总　　D. 控制、收尾

50.(　　) 是人工智能在金融领域的一个应用。

A. 智能客服　　B. 股票预测

C. 语音助手　　D. 自然语言处理

51.(　　) 技术不是 CAM 软件中常用的。

A. 自动编程　　B. 路径优化

C. 语言翻译　　D. 设备模拟

52. 人工智能关键技术不包括（　　）。

A. 机器学习　　B. 知识图谱

C. 语言处理　　D. 自动化控制

53. 产品生命周期管理的“多方协同”通常指（　　）。

A. 各部门之间的沟通与协作　　B. 与供应商的价格谈判

C. 与消费者的互动　　D. 与政府机构的合规性对接

54. 未来班组人工智能应用的发展趋势可能是（　　）。

A. 替代所有班组员工　　B. 仅限于简单任务处理

C. 与人类员工更深度融合　　D. 降低对技术的依赖

55. 盲目搜索策略不包括（　）。

A. 广度优先搜索　　B. 深度优先搜索

C. 有界深度优先搜索　　D. 全局择优搜索

56. 专业技术人员要成为创新型人才，就必须在不断学习、获取新的知识的过程中，不断（　　）。

A. 提高自身能力　　B. 丰富知识内容

C. 优化知识构造　　D. 以上都不是

57. 数字产品模拟系统在产品开发中的作用是（　）。

A. 加快市场投放速度　　B. 降低人力成本

C. 优化广告投放　　D. 提高设计精度

58.（　）的功能是建立产品模型、资源模型、设备模型、材料模型、制造环境模型、工艺模型、数字化建模技术工艺规则、制造路线等。

A. 数字化建模技术　　B. 虚拟现实技术

C. 优化仿真技术　　D. 数字化生产技术

59.（　）的功能是使用户身临其境地感受产品的设计过程和制造过程，使仿真的旁观者成为虚拟现实技术环境的组成部分。

A. 数字化建模技术　　B. 虚拟现实技术

C. 优化仿真技术　　D. 数字化生产技术

60. 在工业设计中，迭代设计的目的是（　）。

A. 简化生产流程　　B. 减少设计时间

C. 优化产品性能　　D. 增加设计成本

61. 以下不是数据共享过程中时间成本包括的内容的是（　）。

A. 用户的搜寻成本　　B. 用户的购买成本

C. 用户的等待成本　　D. 用户的利用成本

62. 企业需要的五种 AIGC 能力中，不包括（　）。

A. Prompts（提示词）的能力

B. 利用生成式 AI 工具制作各类内容的能力

C. 用 AI 清洗各种渠道的原始文本数据的能力

D. 使用大型语言模型的能力

63. 在微机系统中，（　）的存储容量最大。

A. 内存　　B. 软盘

C. 硬盘　　D. 光盘

64. 专项小组在现有条件的基础上，根据生产工艺与生产技术升级需求，进行合理、科学的智慧工厂布局规划，初步拟定智慧工厂建设的蓝图。上述描述的是智慧工厂建设措施中的（　）。

A. 进行智慧工厂整体规划　　B. 建立明确的智慧工厂标准

C. 应用新兴技术　　D. 建设智能加工单元

65. 专项小组收集相关资料，借鉴先进建设经验，明确自身智慧工厂建设标准，包括智慧工厂评估标准、智能装备标准、智慧工厂系统集成标准等，规范智慧工厂建设要求。上述描述的是智慧工厂建设措施中的（　）。

A. 进行智慧工厂整体规划　　B. 建立明确的智慧工厂标准

C. 应用新兴技术　　D. 建设智能加工单元

66. 智慧工厂的核心并不是完全实现无人化生产，在关键岗位上，还需要人员作出判断与决策。因此，在搭建智慧工厂的过程中，应推进人机协作生产模式。上述描述的是智慧工厂建设措施中的（　）。

A. 进行智慧工厂整体规划　　B. 建立明确的智慧工厂标准

C. 应用新兴技术　　D. 推进人机协作生产模式

67. 根据软件的用途，计算机软件一般可分为（　）。

A. 系统软件和非系统软件　　B. 系统软件和应用软件

C. 应用软件和非应用软件　　D. 系统软件和管理软件

68. 著名创造学家德・博诺说，（　）是为了某一目的对经验进行有意思的探究。

A. 概念　　B. 创意

C. 意识　　D. 思维

69. 知识是人类生活和实践经验的总结，是人们吸取新知识、提出新思想的基本。任何发明都是建立在（　）基础之上的。

A. 一定实践经验　　B. 一定知识经验

C. 一定理论　　D. 以上都不是

70.（　）是指用新的业务不断滋养服务，从而使最初仅提供单薄业务功能的服务逐渐成长为企业最为宝贵的 IT 资产。

A. 业务滋养　　B. 业务提升

C. 业务培养　　D. 服务滋养

71. 在班组信息化管理过程中，（　）环节最为关键。

A. 信息系统规划　　B. 信息技术建设

C. 业务流程优化　　D. 数据安全与保密

72.（　）的精神状态是灵感的催化剂。人在心旷神怡、赏心悦目、兴致勃勃、精神快乐的状态下，能增强大脑的感受能力，较容易接受外界信息的诱导或来自潜意识的信息。

A. 轻松快乐　　B. 严肃紧张

C. 厌烦疲倦　　D. 以上都不是

73. 信息化管理包括（　）。

A. 规划、组织、实施、评价　　B. 策划、执行、监控、总结

C. 研究、开发、应用、推广　　D. 管理、监督、评估、改进

74. 班组信息化管理对于团队协作的影响主要体现在（　）方面。

A. 增强团队凝聚力　　B. 减少沟通次数

C. 延长工作时间　　D. 降低协作效率

75. 5G、云技术和 AI 等技术的碰撞和融合将为社会带来数字（　）效益。

A. 叠加　　B. 溢出

C. 压缩　　D. 孪生

76. 对既定成规或上司的指示机械地执行，不愿开动脑筋，就像被驯化的动物，丧失了独立思考和生存的能力。这属于（　）思维障碍。

A. 权威型　　B. 习惯型

C. 循规蹈矩型　　D. 从众型

77. 社会上时常出现各种各样的热潮，如抢购潮、择校潮、留学潮、旅游潮、网游潮、追星潮、各种各样的模仿潮等，属于（　）思维障碍。

A. 权威型　　B. 习惯型

C. 循规蹈矩型　　D. 从众型

78. 从智慧工厂的外部环境到工厂内部的构造都可以利用 3D 技术进行可视化展示，并且进行任意角度的旋转缩放及场景跳转。上述描述的是智慧工厂可视化中的（　）。

A. 工厂运维可视化　　B. 设备监测可视化

C. 巡检可视化　　D. 告警消息可视化

79. 利用智慧工厂可视化就可以实时采集和监控关键工艺数据，进行数据预处理，并采用文字、图形的方式对工艺事故、工况变化等进行可视化展示，以监测设备的健康状态。上述描述的是智慧工厂可视化中的（　）。

A. 工厂运维可视化　　B. 设备监测可视化

C. 巡检可视化　　D. 告警消息可视化

80. 智慧工厂可视化可以实现对工厂内的人员、设备、消防设施等要素进行多维化的可视化监测，为巡检指挥调度提供信息支撑，并实时警报异常情况，智能化调取监控视频。上述描述的是智慧工厂可视化中的（　）。

A. 工厂运维可视化　　B. 设备监测可视化

C. 巡检可视化　　D. 告警消息可视化

81. 智慧工厂可视化还会对工厂内的供排水、供暖、供电等系统进行实时监控，对设备运行、环境监测、能源调度等要素进行多维化可视分析，帮助企业实时了解工厂能耗情况。上述描述的是智慧工厂可视化中的（　）。

A. 工厂运维可视化　　B. 设备监测可视化

C. 巡检可视化　　D. 能源管理可视化

82. 专业技术人员的自我锤炼既要不断充实自己的专业知识和技能，还要（　）。

A. 参加实践　　B. 开展协作

C. 学习和运用创新思维　　D. 善于倾听他人意见

83.（　）不是数控机床的特点。

A. 提高加工精度　　B. 加工过程的自动化

C. 需要手工输入控制指令　　D. 提高生产效率

84. 手机、智能音箱等设备中的语音助手，可以通过语音指令自动执行操作，这属于 AI 应用中的（　）方面。

A. 语音识别　　B. AI 评测

C. 虚拟现实　　D. 智能家居

85. 数字孪生指充分利用物理模型、传感器更新、运行历史等数据，集成多学科、多物理量、多尺度、多概率的仿真过程，在（　）中完成映射，从而反映对应的实体装备的全生命周期过程。

A. 互联网　　B. 现实生活

C. 虚拟空间　　D. 大数据平台

86.（　）是信息化建设的基础。

A. 信息量　　B. 信息基础设施

C. 信息资源开发和利用　　D. 信息化建设经济效益

87. 以下不是信息资源配置模式的是（　）。

A. 信息资源的时间矢量配置　　B. 信息资源的空间矢量配置

C. 信息资源的品种类型配置　　D. 信息资源的科学技术配置

88. 信息化指数是反映（　）的总指标。

A. 信息装备率　　B. 通信主体水平

C. 信息系数　　D. 社会经济信息化

89. 项目管理信息系统是基于计算机的项目管理的信息系统，主要用于项目的（　）。

A. 目标控制　　B. 人、财、物的管理

C. 信息收集和存储　　D. 信息检索和查询

90.（　）是指信息资源共享体系在运作过程中对其他组织或个人产生附带的成本或收益。

A. 外部效应　　B. 信息作为公共物品

C. 信息市场的垄断性　　D. 内部效应

91. 信息组织的基本要求包括（　）。

A. 信息内容有序化、信息流向明确化、信息数量精约化

B. 信息内容有序化、信息流向模糊化、信息数量精约化

C. 信息内容有序化、信息流向明确化、信息数量冗长化

D. 信息内容无序化、信息流向明确化、信息数量精约化

92. 以下不属于信息的主要特征的是（　）。

A. 信息可以加工　　B. 信息可以传送

C. 信息可以共享　　D. 信息不可以压缩

93.（　）是人工智能中的一种计算机视觉技术。

A. 图像识别　　B. 语音识别

C. 信息检索　　D. 情感分析

94. 信息技术的含义为（　）。

A. 信息技术是应用信息科学的原理和方法研究信息产生、传递、处理的技术，具体包括有关信息的产生、收集、交换、存储、传输、显示、识别、提取、控制、加工和利用等方面的技术。其中，最主要的是计算机技术、通信技术、传感技术和推理制造技术

B. 信息技术是一种人际沟通工具，用于传递和分享信息，促进人与人之间的交流和互动

C. 信息技术是一种娱乐和消遣手段，用于人们在闲暇时进行娱乐活动和放松身心

D. 信息技术是一种工程技术，用于设计、开发和维护计算机

系统和网络设备，以支持企业的日常运营和管理

95. 信息化建设会改变人们的生活方式、工作方式、社会信息结构、(　　) 等各个方面。

A. 信息建设　　B. 信息量

C. 信息技术　　D. 信息人才

96. 所谓工业 4.0 ( Industry 4.0 ) 是基于工业发展的不同阶段作出的划分。不属于工业 4.0 发展阶段的是 (　　)。

A. 蒸汽机时代　　B. 电气化时代

C. 信息化时代　　D. 科学管理阶段

97. 要推动信息化和工业化深入融合，必须在 (　　) 方面多动脑筋、多用实招。

A. 城镇化　　B. 工业化

C. 信息化　　D. 农业现代化

98. (　　) 是解决信息饥饿和信息相对过剩的最有效手段。

A. 信息检索　　B. 信息开发

C. 信息管理　　D. 信息组织

99. 信息化实施指在信息化规划的指导下，具体完成各类信息化建设任务。它包括两方面的工作：信息化项目管理和 (　　)。

A. 信息系统维护　　B. 信息系统安全防护

C. 信息法规和制度建设　　D. 信息系统运作

100. 人机交互的特点包括：多功能感知、智能代理、语音识

别、(　)。

A. 信息收集　B. 信息融合

C. 信息处理　D. 信息删除

101. 以下属于数据处理系统表现的是(　)。

A. 工资计算　B. 原始凭证录入

C. 信息采集　D. 信息传递

102. 两化融合包括技术融合、(　)融合、业务融合和产业衍生。

A. 产品　B. 科学

C. 信息　D. 创新

103. (　)不是人工智能在健康医疗领域的应用。

A. 疾病诊断支持　B. 患者数据分析

C. 新药研发　D. 诊所装修设计

104. 灵感在创新思维中起着核心作用，它能协助创新思维主体挣脱(　)的束缚，推动(　)的脱颖而出。

A. 旧经验，旧观念　B. 新思想，新观念

C. 新思想，旧观念　D. 旧经验，新思想

105. 浩瀚的数据海洋就如同工业社会的石油资源，蕴含着巨大生产力和商机，谁掌握了(　)技术，谁就掌握了发展的资源和主动权。

A. 核心　B. 信息

C. 新科技　D. 大数据

106. 关于头脑风暴法的说法正确的是（　）。

A. 头脑风暴法适合解决单一明确的问题，不适合处理复杂、面广的对象

B. 组成头脑风暴法小组，小组成员应全是专家

C. 小型会议的与会者 10 人以上为宜

D. 头脑风暴法完全不追求质量

107. 在数据分析中，（　）技术最不可能由 AI 直接实现。

A. 销售预测　　B. 客户细分

C. 消费者行为分析　　D. 创意艺术设计

108. 以下不属于市场系统内部产生的和经济活动有关的信息的是（　）。

A. 市场供求状况　　B. 价格水平

C. 消费者偏好　　D. 人流量

109. 亚里士多德认为，（　）是发明、发现等一切创造性活动的源泉。

A. 潜意识　　B. 创造力

C. 想象力　　D. 哲学

110. 人们的创造性活动归根结底是为了满足（　）。

A. 需要　　B. 能力

C. 想象　　D. 胃口

111. 智能传感器主要由传感器、微处理器及相关电路组成。其中

（ ）将需要测量的物理数据转换成相应的电信号。

A. 传感器　　B. 微处理器

C. 相关电路　　D. 主机

112. 智能传感器主要由传感器、微处理器及相关电路组成。其中（ ）是智能传感器的核心，它既可以对传感器测量数据进行计算、存储、处理，还可以通过反馈电路对传感器进行调节。

A. 传感器　　B. 微处理器

C. 相关电路　　D. 主机

113. 人工智能一般分为弱人工智能和强人工智能，下列关于强人工智能和弱人工智能说法，正确的是（ ）。

A. 弱人工智能在所有领域都不如人类

B. 强人工智能具有很强的学习能力和思考能力

C. 相比强人工智能，只有弱人工智能会带给社会不良的影响

D. 以上都不是

114. 产品生命周期管理的主要好处之一是（ ）。

A. 减少沟通成本　　B. 增加手工错误

C. 限制信息流　　D. 增加物料浪费

115.（ ）不是信息化组织机构的主要部门。

A. 系统研发与管理部　　B. 系统外包部

C. 系统运行维护与管理部　　D. 信息资源管理与服务部

116. 系统测（调）试是在（　　）阶段完成的。

A. 系统分析　　B. 系统设计

C. 系统实施　　D. 系统运行与维护

117. “系统开发计划书”（信息系统规划）是在（　　）阶段完成的。

A. 系统规划　　B. 系统分析

C. 系统设计　　D. 系统实施

118. 信息系统运行大致涉及两类人员，包括终端用户和（　　）。

A. 数据管理员　　B. 网络管理员

C. 系统管理员　　D. 安全管理员

119. 在工业自动化中，视觉识别系统最常用于（　　）环节。

A. 设备维护　　B. 质量检验

C. 物流跟踪　　D. 人员培训

120. 高级计划排程（APS）系统在生产管理中主要用于解决（　　）问题。

A. 人力资源分配　　B. 生产进度控制

C. 物料需求计划　　D. 成本控制

121. 自动化引导车辆（AGV）在制造系统中的主要作用是（　　）。

A. 数据分析　　B. 产品测试

C. 物料搬运　　D. 装配线设计

122.（ ）是指体量特别大、数据类别特别多，无法在一定时间内用常规技术或者软件对其内容进行抓取及处理的数据集。

A. 云计算　　B. 大数据

C. 物联网　　D. 人工智能

123.（ ）是一种无处不在、便捷且按需对一个共享的可配置计算资源进行网络访问的模式。

A. 云计算　　B. 大数据

C. 物联网　　D. 人工智能

124.（ ）是指通过信息传感设备，按照约定的协议将物品与互联网相连接，进行信息交换和通信，以实现智能化识别、定位、跟踪、监控和管理等功能的一种网络。

A. 云计算　　B. 大数据

C. 物联网　　D. 人工智能

125. 在生成产品评论时，以下（ ）的提示方式可能会得到更好的结果。

A. 以技术专家的身份，生成一个客观、具有信息量的产品评论，突出新款笔记本电脑的性能强悍的特点

B. 写一篇关于新款笔记本电脑的评论

C. 我想看一篇笔记本电脑的评论

D. 新款笔记本电脑如何

126. 常用的信息展示方法主要有（ ）。

A. 文字报道、口头报道、直观传播报道、网络发布
B. 文字报道、网络传播、口头报道、新闻发布会
C. 文字报道、网络传播、直观传播、电话通报
D. 文字报道、口头报道、网络传播、记者招待会

127. 文献检索中，不属于输出形式的是（　）。
A. 文献号　　B. 图像
C. 文摘　　D. 全文

128.（　）不属于文献资料的加工整理方法。
A. 编目法　　B. 分类法
C. 文献索引法　　D. 排序法

129. “通过组织管理人员的努力，来提高管理劳动的效率”属于创新管理中的（　）。
A. 战略创新　　B. 组织创新
C. 文化创新　　D. 制度创新

130. 客户关系管理系统的最终目标是（　）。
A. 向客户提供创新式的个性化的客户交互和服务
B. 整合线上线下渠道，统一销售线索管理能力，实现精准营销
C. 为企业提高核心竞争力
D. 谋求新的市场的开拓和新的消费者的挖掘

131. 信息分析的本质是（　）。

A. 扩大生产规模　B. 增加人民收入
C. 为领导提供决策　D. 满足用户的信息要求

132. 信息分析的作用是（　）。
A. 为科学决策服务、为研究服务、为开发服务、为市场开拓服务
B. 为科学决策服务、为研究服务、为增长服务
C. 为科学决策服务、为开发服务、为市场开拓服务、为保护环境服务
D. 为科学决策服务、为开发服务、为保护经济增长服务

133. 在生产执行系统（MES）中，（　）不是 MES 提供的功能。
A. 生产调度　B. 进程控制
C. 维护管理　D. 股票交易分析

134. 企业应结合发展目标与（　）要求，建立统一的信息化、数字化、网络化班组管理系统，提高班组管理效率。
A. 风险控制　B. 风险评估
C. 危害辨识　D. 风险概述

135. 电子商务网站建设的步骤一般为（　）。
A. 网站策划→网站开发和发布→网站宣传和推广
B. 网站开发和发布→网站宣传和推广→网站策划
C. 网站交易→网站宣传和推广→网站策划
D. 网站策划→网站宣传和推广→网站开发和发布

136.（ ）的主要目的是实现任何时间、任何地点和任何通信对象之间的通信。

A. 网络通信　　B. 移动数据

C. 网络数据　　D. 移动通信

137. 班组信息化建设主要是将纸质化表单转化为（ ）。

A. 电子化表单　　B. 智能化表单

C. 网络化表单　　D. 数据化表单

138. 在信息系统维护工作中，主要包括改正性维护、适应性维护、（ ）。

A. 完善性维护、预防性维护

B. 程序性维护、删除性维护

C. 完善性维护、跟踪性维护

D. 预防性维护、添加性维护

139. 一种杀菌剂及其用途可以申请（ ）专利。

A. 发明　　B. 实用新型

C. 外观　　D. 商标

140. 班组创新文化的构建主要依赖于（ ）。

A. 领导层的决策　　B. 员工的自发行为

C. 外部专家的指导　　D. 组织文化的建设与传承

141. 下列不是专家系统组成部分的是（ ）。

A. 用户　　B. 综合数据库

C. 推理机　　　　D. 知识库

142. 贝叶斯学习是一种以贝叶斯法则为基础的，并通过（　）手段进行学习的方法。

A. 逻辑　　　　B. 概率

C. 推理　　　　D. 假定

143.（　）是一个全面解决制造型企业生产管理与物料控制的软件方案，它以供应链管理和约束理论为基础，以精益生产为目标，以大量数学模型为手段，为生产活动提供解决方案。

A. 制造执行系统　　　　B. 高级计划与排程系统

C. 统计过程控制系统　　　　D. 质量管理系统

144.（　）主要是应用统计分析技术对生产过程进行实时监控，科学地区分出生产过程中产品质量的随机波动与异常波动，从而对生产过程的异常趋势提出预警，以便生产管理人员及时采取措施，消除异常，提高和控制产品质量。

A. 制造执行系统　　　　B. 高级计划与排程系统

C. 统计过程控制系统　　　　D. 质量管理系统

145. 以下不属于“AI 式内容运营”五步骤的是（　）。

A. 利用生成式 AI 工具制作各类内容

B. 使用 ChatGPT 辅助制定社交媒体推广策略

C. 通过数据分析，调整 AI 的内容制作方向

D. 让 AI 工具自动运行和执行内容营销方案并复盘优化

146. (　　) 是一种通信技术，俗称电子标签。可通过无线电信号识别特定目标并读写相关数据，而无须识别系统与特定目标之间建立机械或光学接触。

A. 二维码技术　　B. 传感器技术

C. 条形码技术　　D. 射频识别技术

147. 人打电话不能离开，又需要离开，子母机的发明是使用(　　) 原理解决物理矛盾。

A. 空间分离　　B. 时间分离

C. 条件分离　　D. 整体与部分分离

148. 人工智能在班组安全管理中的作用不包括 (　　)。

A. 风险识别与预警　　B. 事故原因分析

C. 替代安全培训　　D. 安全规程优化

149. 使用 ChatGPT 进行内容创作的时候，容易输出大量废话的原因，不包括 (　　)。

A. ChatGPT 生成过程，并不是遵循逻辑性和正确性的

B. 缺乏足够的交互和对话打磨的过程

C. 提示词中提供的信息量较少

D. ChatGPT 的生成过程是套路化的、模版化的

150. 工业互联网的主要作用是 (　　)。

A. 提高数据传输速度　　B. 实现设备互联互通

C. 提升在线营销效果　　D. 增强产品耐用度

151. 数字精益生产系统（DIPS）不包括（　）。

A. 减少浪费　　B. 优化库存

C. 提升员工福利　　D. 降低设备停机

152. 班组人工智能应用的主要优势是（　）。

A. 降低生产效率　　B. 减少员工数量

C. 提升决策准确性　　D. 增加工作复杂度

153. 在制造执行系统（MES）中，实时数据的主要作用是（　）。

A. 减少人力需求　　B. 优化生产流程

C. 提升产品设计　　D. 增加销售量

154. 数据分析在生产决策中的作用是（　）。

A. 减少管理层决策　　B. 替代直觉判断

C. 提供决策依据　　D. 消除生产风险

155. 工艺管理系统（PMS）的目的是（　）。

A. 提升企业形象　　B. 优化生产流程

C. 提高员工福利　　D. 减少环境污染

156. 注意力是指人的感知、记忆、思维、想象等心理活动指向和集中于某一事物的能力。专业技术人员在学习和工作中能否（　），直接关系到学习、工作的效果。

A. 增强记忆力　　B. 集中注意力

C. 提高想象力　　D. 以上都不是

157.（　）描述最符合“自动化引导车辆（AGV）”的功能。

A. 实现高效的数据管理

B. 提供复杂的项目管理

C. 提高生产线的物料运输效率

D. 改进产品的市场营销策略

158. 在公司技术创新中，很重要的内容是（　　），这是公司生存和发展的重要支柱。

A. 扩展应用范畴，提高产品质量

B. 开发新产品

C. 提高生产速度

D. 提高经济效益

159. 统计过程控制（SPC）的主要好处是（　　）。

A. 提升销售业绩　　B. 增强客户满意度

C. 提高产品质量　　D. 加速产品研发

160. 首届国家最高科技奖获得者是（　　）。

A. 陈景润　　B. 吴文俊

C. 陶行知　　D. 郭沫若

161. “荷花盛开法”是一种由日本人发明的，用于激发头脑灵感的思维技术。它以（　　）开头，该思想是观念拓展的基础。

A. 多重思想　　B. 核心思想

C. 拓展思想　　D. 主要思想

162. 使用计算机辅助设计（CAD）的一个主要优势是（　　）。

A. 它可以消除所有类型的设计错误

B. 它能提供无限的设计资源

C. 它提高了设计效率和精度

D. 它可以自动完成设计工作

163. 关于数控机床的说法中，错误的是（　）。

A. 它可以运行 24 小时不间断生产

B. 它的操作需要高级别的编程知识

C. 它使得产品质量更加一致

D. 它主要依赖手工操作来控制机床

164. 人的创新思维不是一种固守习惯的思维，而是（　）的，从多种方面、多种侧面、多种层次去思考问题，一条路走不通，就换另一条路走。

A. 任意变化　　B. 一成不变

C. 随机应变　　D. 不断跳跃

165.（　）是人工智能领域中的一种机器学习算法。

A. 决策树　　B. 支持向量机

C. 随机森林　　D. 以上都是

166. 思维是人的高级认知活动，通过思维，人们可以认识和感知事物的深层，看透现象的本质，掌握事物之间的规律性联系，并可以预见和推测事物的发展。一般来说，（　）的高低，很大程度上取决于开发、训练与培养。

A. 发明能力　　B. 动力能力

C. 思维能力　　D. 以上都不是

167. 班组信息管理工作对于提高班组安全管理水平的作用主要体现在（　　）。

A. 增加事故发生率　　B. 提高安全信息处理的准确性

C. 降低安全培训投入　　D. 忽视安全标准的执行

168. 通过（　　），寻求新的思路，这是开展发散思维训练、培养创新思维品质的要领之一。

A. 质疑　　B. 认同

C. 思考　　D. 批判

169.（　　）是探求新知的开始，也是探求新知的动力；进一步说，是创新的开始，也是创新的动力。不断发现问题、提出问题是思维活跃、善于思考的体现。

A. 质疑　　B. 摸索

C. 思考　　D. 以上都不是

170. 数字化时代背景下，领导力的评价维度包括（　　）。

A. 领导者数字化思维能力

B. 数字化执行能力：效率、效果和效能

C. 数字化治理技能：互联网的治理与企业管理

D. 以上都是

171. 不是信息检索类型新分类的是（　　）。

A. 文献检索　　B. 文本检索

C. 数值检索　　D. 音 / 视频检索

172. 关于数控机床的描述，(　　) 是不正确的。

A. 数控机床能够提高生产效率

B. 数控机床依赖于手工操作

C. 数控机床可以执行复杂的切割任务

D. 数控机床通过编程来控制

173. (　　) 不属于各个行业通过物联网技术实现数字化和智能化转型中所遇到的五大难题。

A. 数据简化　　B. 连接

C. 数据优化　　D. 业务实时性

174. 支撑大数据业务的基础是 (　　)。

A. 数据应用　　B. 数据科学

C. 数据硬件　　D. 数据人才

175. (　　) 技术可以将所有数据的特性通过图的方式展现出来。

A. 支持向量机　　B. 神经网络

C. 数据可视化　　D. 数据挖掘

176. 在数据生命周期管理实践中，(　　) 是执行方法。

A. 数据管理和维护　　B. 数据存储和备份规范

C. 数据价值发掘和利用　　D. 数据应用开发和管理

177. (　　) 是指从使用零散数据变为使用统一主数据、从具有很少或没有组织和流程治理到企业范围内的综合数据治理、从尝试处理主数据混乱状况到主数据井井有条的一个过程。

A. 数据治理　　B. 数据管理

C. 数据分析　　D. 数据整合

178. 云计算提供的支撑技术，有效解决虚拟化技术（　）、海量存储和海量管理等问题。

A. 并行计算　　B. 实际操作

C. 数据分析　　D. 数据研发

179. 数据库管理系统中，能实现对数据库中的数据进行插入 / 修改 / 删除的功能称为（　）。

A. 数据操作功能　　B. 数据管理功能

C. 数据定义功能　　D. 数据控制功能

180. 关于数据的存储结构，以下选项描述正确的是（　）。

A. 数据所占的存储空间量

B. 数据在计算机中的顺序存储方式

C. 数据的逻辑结构在计算机中的表示

D. 存储在外存中的数据

181. 物联网架构可分为三层：感知层、（　）和应用层。

A. 网络层　　B. 工具层

C. 数据层　　D. 识别层

182. 知识图谱中的边称为（　）。

A. 连接边　　B. 关系

C. 属性　　D. 特征

183. 衡量检索系统检索效果的最重要的指标是（　）。

A. 查全率和查准率　　B. 收录范围

C. 输出格式　　D. 输入格式

184.（　）是专门为可以对计算机进行全系统更改、安装程序和访问计算机上所有文件的人而设置的。

A. 计算机管理员账户　　B. 来宾账户

C. 受限制账户　　D. 其他账户

185. 在人工智能领域中，深度学习主要用于解决（　）。

A. 数据存储优化　　B. 高频交易分析

C. 视觉图像识别　　D. 逻辑推理证明

186. 目前信息检索的主要形式是（　）。

A. 文献检索　　B. 数据检索

C. 事实检索　　D. 概念检索

187.（　）不是人工智能在制造业中的应用。

A. 产品质量检测　　B. 生产流程设计

C. 市场营销策略　　D. 资本运作管理

188. 在智能制造中，人工智能（AI）通常不被用于（　）活动。

A. 设备维护预测　　B. 产品设计优化

C. 市场需求分析　　D. 情绪识别与分析

189. “不断调整和优化企业所有者、经营者、劳动者三者之间的关系，使各个方面的权利和利益得到充分的体现，使组织的各种成员的作用得到充分发挥。”这属于管理创新中的（　）。

A. 战略创新　　B. 管理创新

C. 市场创新　　D. 制度创新

190. 材料移植法，就是将原有物质材料不加变化、添加某种物质或者进行处理，后移用到其他的领域或物品上，发明出新的（　）和新的功能的创新技法。

A. 运用价值　　B. 使用价值

C. 使用措施　　D. 流通价值

191. 在班组信息化管理中，信息平台的主要作用是（　）。

A. 发布政策文件　　B. 提供休闲娱乐

C. 实现信息共享与交流　　D. 监控员工行为

192. 在班组工作中，人工智能（　）能帮助提升产品质量。

A. 替代人工检测　　B. 降低生产标准

C. 实时监控生产过程　　D. 减少产品种类

193. 工业 4.0 中的物联网技术不包括（　）。

A. 设备遥控　　B. 生产数据分析

C. 实时监控　　D. 直接人机交流

194. 班组信息化管理的特点是位置特殊、体系完整、（　）、简单快捷。

A. 体系终点　　B. 体系始点

C. 实践性好　　D. 运行复杂

195. 在制造过程中，统计过程控制（SPC）的数据分析最可能用于（　）。

A. 成本估算　　B. 故障预防

C. 时间管理　　D. 安全监察

196.（　）不是高级计划排程（APS）系统在生产计划中的功能。

A. 订单优先级排序　　B. 资源分配

C. 生产线平衡　　D. 雇员招聘

197. 生产过程中的供应链管理（SCM）系统不负责（　）。

A. 原材料采购　　B. 产品配送

C. 生产设备维护　　D. 客户需求预测

198. 智能制造中的人工智能主要用于改进（　）。

A. 产品销售策略　　B. 原料采购流程

C. 生产流程控制　　D. 企业合规管理

199. 信息技术是指信息搜集、存储、加工处理、传递、应用等各种技术的总和，包括（　）。

A. 生产和加工　　B. 加工和应用

C. 生产和应用　　D. 生产和使用

200. 要想让机器具有智能化的能力，必须让机器具有知识。因此，在人工智能中有一个研究领域，主要研究计算机如何自动获取知识和技能，实现自我完善，这门研究分支学科叫作（　）。

A. 专家系统　　B. 机器学习

C. 神经网络　　D. 模式识别

201. 班组人工智能应用中，（　）技术常用于预测性维护。

A. 自然语言处理　　B. 机器学习

C. 深度学习　　D. 虚拟现实

202. 运用立体思维进行创新，核心是要善于突破（　）的框框限制，有意识地从上下左右、四周八方各个方向去考虑问题，也就是要“立起来思考”。从垂直、侧向等多方向拓展思维空间，让思维的视野更加开放。

A. 点、线、面　　B. 正、负

C. 深、浅　　D. 以上都不是

203. 信息组织是一种普遍的（　），是一切事物有条不紊运行的前提。

A. 历史活动　　B. 政治活动

C. 社会活动　　D. 人文活动

204. 大多数创新是为了解决（　），例如个人计算机的发明、互联网的发明等，它们都在很大程度上改变了人们的生活方式。

A. 技术革新的问题　　B. 现实生活遇到的实际问题

C. 社会发展的问题　　D. 人的需求问题

205.（　）是 3D 打印的一个主要优势。

A. 生产速度极快　　B. 材料成本低

C. 设计自由度高　　D. 能源消耗低

206. 制造执行系统（MES）在生产过程中的作用是（　）。

A. 进行市场分析　　B. 执行生产计划

C. 设计产品包装　　D. 提供售后服务

207. 技术创新是指以市场为导向的技术的（　）的一系列活动的总和。它不只是关注技术的发明和技术水平的进步，也同步关注技术在经济活动中的应用。

A. 研究、开发和引进　　B. 创造、发明和模仿

C. 设计、开发和应用　　D. 以上都不是

208. 人工智能在工业制造中无法被取代的角色是（　）。

A. 产品装配工　　B. 质量检验员

C. 设备维修工　　D. 企业战略规划师

209. 在采用制造执行系统（MES）的企业中，（　）不是通过实施 MES 可以改进的。

A. 工单处理效率　　B. 员工满意度

C. 设备利用率　　D. 企业文化

210. 智能生产系统中的制造执行系统的功能不包括（　）。

A. 规范生产管理平台　　B. 质量管理

C. 设备管理　　D. 生产设备检测

211. 高级计划排程（APS）系统解决的主要问题是（　）。

A. 人力资源分配　　B. 生产资源优化配置

C. 设备故障诊断　　D. 销售预测分析

212. 工业自动化中的机器人技术最不可能实现的是（　）。

A. 精密装配　　B. 质量检测

C. 商务决策　　D. 物料搬运

213. “和田十二法”是（　）发明学者在对奥斯本的检核表法进一步研究的基础上，借用其基本原理，结合本国的实际状况加以发明而提出的一种创新技法。

A. 中国　　B. 美国

C. 日本　　D. 英国

214. 现实生活中的许多发明、创造，就是从（　）开始的。

A. 设问　　B. 质疑

C. 认同　　D. 反对

215. 在信息分析中，比较不可用于（　）。

A. 定量分析

B. 揭示事物的水平和差距

C. 认识事物发展的过程和规律

D. 判定事物优劣或真伪

216. 从中国社会的发展进程看，创新孕育兴旺发达，守旧导致苦难屈辱。中华民族是一个富有（　）的民族，在过去的历史长河中，我们的先人始终保持着一种生生不息的伟大创新精神和强大创新能力，使中国古代社会经济发展始终走在世界的前列。

A. 勤快刻苦和发明能力　B. 创新精神和创新能力

C. 忍辱负重和中庸之道　D. 以上都不是

217.（　）预示着量子通信已经开始走向实用化，这将从根本上解决通信安全问题，同时将形成新兴通信产业。

A. 量子调控　B. 先进制造

C. 人造生命　D. 大数据

218.（　）不是班组信息化管理的主要内容。

A. 信息系统规划　B. 信息技术建设

C. 人员娱乐安排　D. 业务流程优化

219. 制造执行系统（MES）的主要作用是（　）。

A. 设备维护　B. 生产过程控制

C. 人事管理　D. 财务审计

220.（　）是人工智能的核心，是使计算机具有智能的主要方法，其应用遍及人工智能的各个领域。

A. 深度学习　B. 机器学习

C. 人机交互　D. 智能芯片

221. 下面的描述正确的是（　）。

A. 人工智能就是机器学习

B. 机器学习就是深度学习

C. 人工智能就是深度学习

D. 深度学习是一种机器学习的方法

222. 关于未来人工智能的发展趋势，描述不正确的是（　）。

A. 人工智能将在各行各业中扮演更加重要的角色

B. 所有的工作都将被人工智能取代，人类将完全失业

C. 人工智能将帮助解决一些复杂问题，提高生产效率

D. 人工智能将引发新的伦理和法律问题

223. 利用计算机来模拟人类的某些思维活动，如医疗诊断、定理证明，这些应用属于（　）。

A. 数值计算　　B. 自动控制

C. 人工智能　　D. 模拟仿真

224. 下列不是人工智能研究领域的是（　）。

A. 机器证明　　B. 模式识别

C. 人工生命　　D. 编译原理

225. 人工智能的应用面临一系列挑战，包括（　）。

A. 数据隐私保护　　B. 技术瓶颈

C. 人才挑战　　D. 以上都是

226. 所谓不确定性推理就是从（　）的初始证据出发，通过运用（　）的知识，最终推出具有一定程度的不确定性却是合理

或者近乎合理的结论的思维过程。

A. 不确定性，不确定性　　B. 确定性，确定性

C. 确定性，不确定性　　D. 不确定性，确定性

227. 在知识经济时代，管理手段的创新重要的是实现管理手段（　），智能系统和智能机的广泛运用是知识经济时代管理领域中的最重大事件之一，它使管理者大大地提高了工作效率，节省了诸多时间。

A. 信息化和科学化　　B. 自动化和智能化

C. 全新化和制度化　　D. 以上都不是

228. 有科学研究表明，只有让右脑活跃起来，才有助于打破多种思维定式或创新思维的桎梏，激发创新思维潜能，提高想象力和（　）。

A. 抽象思维能力　　B. 形象思维能力

C. 全脑思维能力　　D. 以上都不是

229. 一个人右脑半球发达与否，同其发明性思维水平的高低有着紧密的关系，可以说，没有（　）的参与，许多高级心理活动是无法进行和完成的。

A. 右脑　　B. 左脑

C. 全脑　　D. 以上都不是

230. 在创新思维的准备期和验证期，（　）处在积极活动状态并起主导作用。

A. 右脑　　B. 左脑

C. 全脑　　D. 小脑

231. 智能数控机床的（　）主要是在数控装置的控制下进行工作的，由主轴驱动单元、进给单元、主轴电机及进给电机等组成。

A. 主机　　B. 数控装置

C. 驱动装置　　D. 辅助装置

232. 智能数控机床的（　）主要辅助机床运行，由液压和气动装置、交换工作台、数控转台等组成。

A. 主机　　B. 数控装置

C. 驱动装置　　D. 辅助装置

233. 作为一种块链式存储、不可篡改、安全可信的去中心化分布式账本，（　）应用已延伸到数字金融、物联网、智能制造、供应链管理、数字资产交易等多个领域。

A. 数字化金融　　B. 人工智能技术

C. 区块链技术　　D. 物联网技术

234. 创新的爱好和好奇心不是天生的，而是可以培养、变化的，只要专业技术人员常常（　），就能形成强烈而高尚的爱好。

A. 深入生活，参与实践　　B. 深入研究，钻研理论

C. 勤于学习，开动脑筋　　D. 丰富学识，开拓思维

235. 对于专业技术人员来说，掌握知识别无他途，只有（　）。

通过学习，不断地掌握更多更新的知识。

A. 努力实践　　B. 抽空学习
C. 勤奋学习　　D. 以上都不是

236. 管理要不断地预测和把握经营环境的变化，不断地进行（　）, 从而使管理更富有弹性，这将是任何组织致力追求的新境界。

A. 更新和改造　　B. 变革与创新
C. 强化和改善　　D. 提高和完善

237.（　）是科技进步和科技创新的先导和源泉。

A. 基础研究　　B. 文化研究
C. 前沿研究　　D. 社会研究

238. 在供应链管理（SCM）系统中，（　）是其核心功能。

A. 生产流程管理　　B. 供应商绩效管理
C. 企业资源规划　　D. 财务风险评估

239. ERP 的中文意思是（　）。

A. 企业资源计划　　B. 企业系统资源
C. 企业运营管理　　D. 企业流程重组

240. 工业自动化中，PLC（可编程逻辑控制器）主要用于（　）。

A. 生产线的自动控制　　B. 人力资源规划
C. 企业财务审计　　D. 客户关系管理

241. 全面深化改革，要围绕使（　）成为创新主体，加快推进产学研深度融合来谋划和推进。

A. 科技型高校　　B. 科研机构

C. 企业　　D. 国企

242. 与想象、直觉相比，灵感对创新具有特殊意义。这是由于在这三种非逻辑形式中，灵感的（　）最明显。

A. 抽象性　　B. 创新性

C. 逆向性　　D. 随机性

243.（　）是一种开放性的思维，环绕一个中心，将思维无限蔓延，最后即可产生多种创新成果，为工作和生活带来更大的便利和收益。

A. 发散思维　　B. 主体思维

C. 逆向思维　　D. 以上都不是

244.（　）是知识、信息等要素，通过大脑潜意识思维激活后，瞬间产生出相应的答案信息，并由潜意识向显意识闪电式飞跃的高能创新思维。

A. 灵感思维　　B. 质疑思维

C. 逆向思维　　D. 逻辑思维

245.（　）是指以变化发展的视角认识事物的思维方式，通常认为是与逻辑思维相对立的一种思维方式。

A. 立体思维　　B. 辩证思维

C. 逆向思维　　D. 跳跃思维

246. 制造执行系统（MES）在工业生产中，不涉及（ ）环节。

A. 订单管理　B. 品质控制

C. 能源管理　D. 市场营销

247. 眉头一皱，计上心来，这体现了创造性思维的（ ）特征。

A. 对传统的突破性　B. 视角上的灵活性

C. 内容上的综合性　D. 程序上的非逻辑性

248. 爱因斯坦建立相对论时，由于省略了中间环节，其创新成果曾一时令人无法理解和接受，他被人讥笑为“疯子”。这体现了创造性思维的（ ）特征。

A. 视角上的灵活性　B. 对传统的突破性

C. 内容上的综合性　D. 程序上的非逻辑性

249. 超声波熔接缝纫机利用超声波在两块衣料间振动，摩擦生热并以极高的温度将它们熔接在一起，实现了无针无线、快速美观的效果，体现了创造性思维的（ ）特征。

A. 视角上的灵活性　B. 对传统的突破性

C. 内容上的综合性　D. 程序上的非逻辑性

250. 创新活动需要人的所有体力和智力都处在高度紧张状态。而人的所有体力和智力从松弛状态转入高度紧张状态，就需要予以适度的（ ）。

A. 环境刺激　B. 外部刺激

C. 内部刺激　D. 精神刺激

251. 机器学习流程包括分析案例、数据获取、(　　) 和模型检验四个流程。

A. 数据清洗　　B. 数据分析

C. 模型训练　　D. 模型搭建

252. 一般来说，人工智能“两库一平台”包含（　　)、人工智能平台。

A. 开发库、训练库　　B. 样本库、模型库

C. 模型库、训练库　　D. 样本库、开发库

253. 若一个属性可以从其他属性中推演出来，那这个属性就是（　　)。

A. 结构属性　　B. 冗余属性

C. 模式属性　　D. 集成属性

254. 在班组创新过程中，(　　) 更有助于激发员工的创新思维。

A. 宽松的工作氛围　　B. 频繁的培训活动

C. 明确的创新指标　　D. 严格的管理制度

255. 创新需要自由，需要一种平等的交流对话的氛围，这样才能激活创新的灵感，撞出创新的火花。有了（　　)，就能超越学科界线，就能超越国界。

A. 平等的交流　　B. 自由的氛围

C. 民主的对话　　D. 和谐的环境

256. 决定信息产业外部结构变化的主要因素是（　　)。

A. 需求结构、消费结构

B. 消费结构、社会结构

C. 贸易结构、自然资源结构

D. 产业区域分布结构、消费结构

257. (　　) 被称为数字经济之父。

A. 爱迪生　　B. 尼古拉斯・尼葛洛庞帝

C. 曼纽尔・卡斯特　　D. 唐・塔普斯科特

258. 被誉为“人工智能之父”的科学家是(　　)。

A. 明斯基　　B. 图灵

C. 麦卡锡　　D. 冯・诺伊曼

259. 人应当尊重权威，但不能迷信权威，受制于权威定式，必须保持创新思维的(　　)，对进入意识范畴内的权威先来一番彻底的审查。

A. 唯一性和客观性　　B. 实践性和能动性

C. 灵活性和新颖性　　D. 主观性和理论性

260. 由此及彼、举一反三、触类旁通指的是(　　)。

A. 想象思维　　B. 联想思维

C. 灵感思维　　D. 直觉思维

261. 以下(　　)是只有个人具有的生物特征信息。

A. 指纹、掌纹、手型　　B. 虹膜、视网膜

C. 脸型、声音、签名　　D. 以上都是

262. 具有发散思维的人，在观测一种事物时，往往会通过（　），将思路扩展开来，而不仅仅局限于事物自身，于是常常可以发现别人发现不了的现象与规律。

A. 分解与组合　　B. 分析与归因

C. 联想与想象　　D. 以上都不是

263. 对所见现象产生与之具有某种关联的大跨度直接思维叫（　）。

A. 想象　　B. 综合

C. 联想　　D. 归纳

264. 通过多学科、多领域的技术融合聚变，以获得创新突破的是（　）。

A. 想象　　B. 综合

C. 联想　　D. 归纳

265. 被启迪的某种心理状态，会引发某种顿悟的叫（　）。

A. 灵感　　B. 直觉

C. 联想　　D. 顿悟

266. 在 3D 打印过程中，如果打印材料是塑料，通常采用的技术是（　）。

A. 激光烧结　　B. 熔融沉积建模（FDM）

C. 立体光固化（SLA）　　D. 数字光处理（DLP）

267. 机器学习的一个最新研究领域是（　）。

A. 数据挖掘　　B. 神经网络

C. 类比学习　　D. 自学习

268. 市场体系的重要组成部分是（　）。

A. 信息市场　　B. 金融市场

C. 劳动力市场　　D. 房地产市场

269. 灵感什么时候获得、怎样获得是不可思议的、不可预知的。这体现了灵感思维的（　）。

A. 易逝性　　B. 偶然性

C. 快速性　　D. 累积性

270.（　）不是数字经济的特点。

A. 高渗透性　　B. 内部经济性

C. 快捷性　　D. 可持续性

271. 人工智能分为弱人工智能、强人工智能和（　）人工智能。

A. 中　　B. 慢

C. 快　　D. 超

272. 在供应链管理中，制造执行系统（MES）主要承担（　）的角色。

A. 风险评估　　B. 物流跟踪

C. 库存控制　　D. 采购协调

273. 中央处理器主要包括（　）。

A. 内存储器和控制器　　B. 内存储器和运算器

C. 控制器和运算器　　D. 内存储器、控制器和运算器

274. 在智能家居系统中，人工智能最可能实现的功能是（　）。

A. 预测并购买家庭成员喜欢的商品

B. 读取并回应家庭成员的思维

C. 控制家用电器，优化能源使用

D. 通过对话完全替代人际交流

275. 下列不属于人工智能系统知识包含的四要素的是（　）。

A. 事实　　B. 规则

C. 控制和元知识　　D. 关系

276. 信息化项目管理是对信息化项目过程的（　）、实施、收尾等各个环节进行指导和监控。

A. 设计、安排　　B. 核算、决策

C. 控制、落实　　D. 启动、计划

277.（　）不是产品生命周期系统的主要功能。

A. 数据分析　　B. 文档管理

C. 客户关系管理　　D. 协同工作

278. 在产品生命周期系统中，“文档管理”通常包含（　）。

A. 文档的创建、审阅、发布和存档

B. 产品的包装和分销

C. 客户关系管理

D. 销售预测与策略

279. 在工艺管理系统（PMS）中，（　）不是优化目标。

A. 能源消耗　　B. 生产速度
C. 客户服务　　D. 质量稳定性

280.（　）不是知识的特征。
A. 复杂性和明确性　　B. 进化性和相对性
C. 客观性和依附性　　D. 可重用性和共享性

281. 以下关于高级计划排程（APS）系统的描述，描述错误的是（　）。
A. 能够优化生产流程　　B. 只适用于大规模制造业
C. 可以减少库存水平　　D. 有助于响应市场变化

282. 系统分析工作中重要的基础工作是（　）。
A. 需求调查　　B. 详细调查
C. 可行性分析　　D. 提出新系统逻辑方案

283. 评价指标体系应该遵循完备性、科学性、（　）、动态性等原则。
A. 灵活性、安全性　　B. 可行性、重点性
C. 可靠性、可计算性　　D. 一般性、可操作性

284. 屠呦呦首先发现中药青蒿的提取物有高效抑制疟原虫的成分，属于（　）的创造。
A. 技术发明　　B. 艺术创造
C. 科学研究　　D. 医学发明

285.（　）是检验真理的唯一原则，也是检验专业技术人员学习、

思考的广度、深度、正确程度的唯一标准。

A. 实践　　B. 理论

C. 科学技术　　D. 劳动

286. 信息技术革命最主要包括四个方面特征，下面的（　）不在其中。

A. 网络化　　B. 群体化

C. 科学化　　D. 智能化

287.（　）是 AI 在教育领域的应用场景。

A. 精准教学　　B. 自动评阅

C. 科学管理　　D. 以上都是

288. 关于创新精神和创新意识的来源，以下表述不准确的是（　）。

A. 先天的智力和知识积累　　B. 丰富的实践

C. 科学的训练　　D. 遗传获取

289. 下列属于新型专家系统的是（　）。

A. 多媒体专家系统　　B. 实时专家系统

C. 军事专家系统　　D. 分布式专家系统

290. 人工智能是知识与智力的综合，下列不是智能特征的是（　）。

A. 具有自我推理能力

B. 具有感知能力

C. 具有记忆与思维的能力

D. 具有学习能力以及自适应能力

291. 搜索分为盲目搜索和（　）。

A. 启发式搜索　　B. 模糊搜索

C. 精确搜索　　D. 大数据搜索

292.（　）是企业在信息时代市场竞争中生存和立足的根本。

A. 人才优势　　B. 原材料优势

C. 经营方式优势　　D. 信息优势

293. 在进行产品设计时，通常首先进行的是（　）。

A. 市场分析　　B. 概念设计

C. 经济评估　　D. 技术分析

294.（　）是国家创新系统变化和发展的根本动力。

A. 政策变化　　B. 社会文化变化

C. 经济发展　　D. 创新

295. 产品数据管理（PDM）系统主要用于（　）。

A. 跟踪产品销售

B. 管理产品设计和生产过程中的信息

C. 进行市场分析

D. 财务审计

296. 心理学家托兰斯对“二战”期间有过种种艰难经历的幸存者进行的调查研究发现，一个人能够生存下来的最重要的条件是（　）。

A. 体力　　B. 运气

C. 接受的教育和训练　　D. 创造力

297. 在一个富有生机与活力的国家创新体系下，（　）是技术创新的主体。

A. 企业　　B. 科研机构

C. 教育机构　　D. 中介服务机构

298.（　）不是数字孪生技术在制造业中应用的优点。

A. 提高产品设计的精确度　　B. 缩短产品上市时间

C. 降低生产成本　　D. 直接增加销售利润

299. 环境管理系统（EMS）的主要目的是（　）。

A. 控制生产成本　　B. 提升产品质量

C. 降低环境影响　　D. 加快研发流程

300. 在产品生命周期系统中实施“变更管理”的主要目的是（　）。

A. 增加产品的设计变更次数

B. 控制产品设计变更过程

C. 减少与供应商的交流

D. 限制产品信息的流通

301.（　）不是高级计划排程（APS）系统在制造业中应用的优势。

A. 提高资源利用率　　B. 缩短产品上市时间

C. 减少库存成本　　D. 直接提高产品售价

302. 信息化绩效评价具有（　）等特征。

A. 复杂性、客观性、科学性

B. 间接性、长期性、互补性

C. 间接性、灵活性、非价值性

D. 准确性、灵活性、可靠性

303. 班组信息化管理对班组长的要求是（ ）。

A. 无须特别关注 B. 仅负责技术层面

C. 坚定信心并身体力行 D. 仅负责数据录入

304. 在班组信息化管理中，通过（ ）保证信息的准确性和及时性。

A. 依赖员工自觉 B. 仅通过口头传达

C. 加强信息系统维护 D. 减少信息发布次数

305. 统计过程控制（SPC）技术在生产中主要用于（ ）。

A. 减少能源消耗 B. 提升产品质量

C. 加快生产速度 D. 降低人力成本

306. 电子商务归根结底是一种商务模式，其关键在于（ ）的整合，提供商务咨询平台而非简单交易平台。

A. 技术教育指导 B. 信息资源数据

C. 技术资源数据 D. 资源教育技术

307.（ ）是指沟通前台的业务部门和后台的技术支持部门的平台。

A. 业务中台 B. 数据中台

C. 技术中台　　D. 应用中台

308. 对企业整体状况进行评估后，分析内容包括分析追赶竞争对手产生的需求、企业未来转型升级产生的需求、企业业务和管理特点升级产生的需求等。以上描述的是智慧工厂的（　）。

A. 整体状况评估

B. 需求分析与设计转型模型

C. 技术架构与核心项目设计

D. 智慧工厂专项设计

309.（　）是智慧的翅膀，有了智慧的翅膀，人才能飞得高、飞得远。对于专业技术人员来说，要努力展开想象的翅膀，在智慧的天空中展翅飞翔。

A. 注意力　　B. 想象力

C. 记忆力　　D. 行动力

310. 从学科建设角度来看，“信息管理”这个名称在中国内地首先被采用的学科是（　）。

A. 图书馆学、情报学　　B. 管理学

C. 计算机科学　　D. 档案学

311. 信息处理技术的经典代表是（　）。

A. 感测技术　　B. 通信技术

C. 计算机技术　　D. 控制技术

312. CAM 是（ ）。

A. 计算机辅助设计　　B. 计算机辅助工程

C. 计算机辅助质量管理　　D. 计算机辅助制造

313. CNC 编程在 CAM 中代表（ ）。

A. 客户需求编程　　B. 计算机网络编程

C. 计算机辅助制造编程　　D. 控制数控机床的编程

314.（ ）是整个智慧工厂的核心部分，可以有效控制各种生产设备及生产进程，优化生产流程，降低生产能耗和残次品率，减少生产支出。

A. 智慧车间　　B. 智能仓储转运系统

C. 集成相关管理系统　　D. 产品追溯系统

315.（ ）在生产过程中担任着重要角色，负责物料、半成品及成品的转运调度工作，能有效缓解生产车间内的调度矛盾，提高仓储效能比率。

A. 智慧车间　　B. 智能仓储转运系统

C. 集成相关管理系统　　D. 产品追溯系统

316.（ ）从订单、原材料、人员、成本等方面出发，实现生产过程的无缝衔接，促进智能化生产管理。

A. 智慧车间　　B. 智能仓储转运系统

C. 集成相关管理系统　　D. 产品追溯系统

317. 通过（ ）可以有效追溯产品生产进度，包括生产机台、生产开始时间、生产截止时间、生产所需物料等。

A. 智慧车间　　B. 智能仓储转运系统

C. 集成相关管理系统　　D. 产品追溯系统

318. 班组创新管理的核心目的是（　　）。

A. 提高生产效率　　B. 降低生产成本

C. 激发员工创造力　　D. 严格遵守规章制度

319. 一般单件、小批生产多遵循（　　）原则。

A. 工序集中　　B. 基准重合

C. 基准统一　　D. 工序分散

320. 生产制造业的数字化趋势包括（　　）。

A. 数字化转型成为行业共识

B. 物联网应用日益广泛

C. 基于数据的场景化解决方案

D. 以上都是

321. 信息、生物、能源、材料和海洋、空间等（　　）领域不断发展，带动了关键技术交叉融合、群体跃进，变革突破的能量正在不断积累。

A. 基本信息　　B. 应用科技

C. 基础科学　　D. 基本应用

322. 3D 打印机的（　　）主要包括系统板、主板、电机驱动、温度控制板、加热板、热床等。

A. 电子部分　　B. 主机

C. 机械部分　　D. 软件部分

323. 3D 打印机的（　）是执行打印命令的地方，由电机、支架、同步轮、传送带共同组成 $X$、$Y$、$Z$ 空间轴参与作业。

A. 电子部分　　B. 主机

C. 机械部分　　D. 软件部分

324. 3D 打印机的（　）主要包括计算机、应用软件、底层控制软件和驱动单元等。

A. 电子部分　　B. 主机

C. 机械部分　　D. 软件部分

325.（　）是人工智能发展历史上的一个重要转折点。

A. 神经网络的提出　　B. 深度学习的兴起

C. 机器学习的广泛应用　　D. 图像识别的广泛应用

326. 人工智能应用研究的两个最重要、最广泛的领域为（　）。

A. 专家系统、自动规划　　B. 专家系统、机器学习

C. 机器学习、智能控制　　D. 机器学习、自然语言理解

327. 人工智能研究的基本内容不包括（　）。

A. 机器行为　　B. 机器动作

C. 机器思维　　D. 机器感知

328.（　）是人工智能中的一种自然语言处理技术。

A. 语音识别　　B. 图像识别

C. 机器翻译　　D. 情感分析

329. 文献调查主要用于文献信息的搜集，以下不是其流程的是（　）。

A. 进行课题分析

B. 确定文献信息搜集重点、大致范围和方位

C. 获取全面的文献信息或文献检索

D. 信息搜集

330. 任何一种事物的发展过程中既涉及必然性的趋势，又涉及偶然性的情形。没有脱离必然性的偶然性，也没脱离偶然性的必然性，两者（　）。

A. 互相融合，互相同一　　B. 互相对立，互相矛盾

C. 互相联系，互相影响　　D. 互相融合，互相影响

331.（　）不属于工业 4.0 的特征。

A. 规模化　　B. 数据

C. 互联　　D. 创新

332.（　）广泛应用于机械、纺织、医疗、食品等行业的柔性搬运及传输工作，也用于自动化立体仓库、柔性加工系统等平台。

A. 移动机器人　　B. 点焊机器人

C. 弧焊机器人　　D. 洁净机器人

333.（　）广泛应用于汽车整车、铁厂、维修等焊接工作。

A. 移动机器人　　B. 点焊机器人

C. 弧焊机器人　　D. 洁净机器人

334. (　　) 主要应用于各类汽车零部件的弧形焊接工作。

A. 移动机器人　　B. 点焊机器人

C. 弧焊机器人　　D. 洁净机器人

335. (　　) 主要应用于对生产环境要求较高的产品制造企业。

A. 移动机器人　　B. 点焊机器人

C. 弧焊机器人　　D. 洁净机器人

336. (　　) 主要应用于半导体行业，对技术要求较高。

A. 移动机器人　　B. 点焊机器人

C. 弧焊机器人　　D. 真空机器人

337. (　　) 应用于工件的激光表面处理、打孔、模具修复等工作。

A. 移动机器人　　B. 点焊机器人

C. 弧焊机器人　　D. 激光加工机器人

338. 新时期专业技术人员的培养依托于创新能力，因而创新能力是新时期专业技术人员必备的 (　　) 之一。

A. 基本能力　　B. 重要能力

C. 核心能力　　D. 主要能力

339. 早上起来，推开窗户发现地面全都湿了，你推断昨天夜里一定下雨了。这是思维的 (　　)。

A. 概括性　　B. 间接性

C. 合理性　　D. 整体性

340.（　）在《经济发展理论》中首先系统地定义了创新的概念。

A. 约瑟夫·熊彼特　　B. 托尼·瓦格纳

C. 哈罗德·埃文斯　　D. 戴维·斯密克

341. 逆向思维中（　）措施在生活中的应用是极其广泛的，有时，某种恶果在一定的条件下又可以反转为有利因素，核心是如何进行逆向思考。

A. 倒由于果，倒果为因　　B. 以果为因，因由于果

C. 果即是因，因即是果　　D. 以上都不是

342. 要实现跨越式发展，需要多方面社会因素的配合，而其中最重要的因素是（　）。

A. 信息化发展　　B. 科技创新

C. 国防力量　　D. 人才资源

343.（　）是科技进步和创新的基础，也是国家发展的重要战略资源。

A. 人才资源　　B. 技术资源

C. 管理资源　　D. 科技资源

344. 以启发式教育方式将人类专家的知识呈现出来的计算机程序系统是（　）。

A. 办公自动化系统　　B. 决策支持系统

C. 管理信息系统　　D. 专家系统

345. 企业资源计划（ERP）系统在企业运营中的主要作用是（　）。

A. 优化内部流程　　B. 执行外部营销活动

C. 管理企业社会责任　　D. 监控竞争对手行为

346. 制造业信息化薄弱的环节是（　）。

A. 销售层　　B. 车间层

C. 管理层　　D. 供应层

347. 物资管理信息化包括设施的信息化和（　）的信息化两部分。

A. 流程　　B. 业务

C. 管理　　D. 仓储

348. 质疑思维来自问题意识。问题意识是思维的动力、创新精神的基石。培养创新精神，应始于问题意识的培养，而问题意识来自细致的观测和进一步的思考。因此，培养问题意识的主要途径就在于（　）的培养。

A. 想象力　　B. 记忆力

C. 观测力和思考力　　D. 以上都不是

349.（　）攻关可以搞揭榜挂帅，英雄不问出处，谁有本事谁就揭榜。

A. 科技　　B. 科研

C. 关键核心技术　　D. 理论研究

350.（ ）是创新的重要来源。

A. 业绩 B. 目标

C. 顾客 D. 员工

351. 在供应链管理中，（ ）最不可能通过自动化实现。

A. 库存管理 B. 运输优化

C. 供应商评估 D. 客户心理分析

352. 人工智能在物流管理中的作用不包括（ ）。

A. 仓库自动化 B. 运输优化

C. 供应链协同 D. 客户情绪分析

353. 在企业资源计划（ERP）系统中，不包括（ ）功能。

A. 财务管理 B. 人力资源管理

C. 供应链管理 D. 客户行为分析

354.（ ）不是计算机辅助制造（CAM）软件的应用。

A. 设计制造流程 B. 产品数据管理

C. 供应链管理 D. 文学作品分析

355.（ ）是为了更好地创新，创新是对已有成果的创造性的继承。

A. 完善 B. 继承

C. 更新 D. 改变

356. 人工智能的未来展望还包括（ ）。

A. 将进一步推动自动化和机器协作

B. 将在个性化和定制化方面发挥更大的作用

C. 更高效地完成重复性和烦琐的任务

D. 以上都是

357. 在产品生命周期系统中，“项目管理”功能通常用来（　　）。

A. 监控市场动态　　B. 管理设计文档

C. 跟踪项目进度和预算　　D. 实现销售自动化

358. 在班组创新管理中，平衡创新与稳定的关系需要（　　）。

A. 优先考虑创新，忽略稳定

B. 优先考虑稳定，忽略创新

C. 根据实际情况灵活调整

D. 设定固定的比例进行平衡

359. 信息收集是信息分析的（　　）。

A. 基础　　B. 唯一途径

C. 根本方法　　D. 结果

360. 班组人工智能系统对于数据的要求是（　　）。

A. 无须数据支持　　B. 数据越多越好

C. 高质量的数据　　D. 任意来源的数据

361. 信息产业具有（　　）的特征。

A. 低风险型、知识智力密集型、高回报型

B. 先导型、知识智力密集型、高渗透型

C. 高渗透型、高投入型、低风险型

D. 高回报型、符合单一型、高就业型

362.（　）最能体现 3D 打印在原型制造中的优势。

A. 高成本效益　　B. 快速制作样机

C. 高强度材料　　D. 大规模生产

363. 定量方法不具有（　）等特点。

A. 定量分析　　B. 结论具体

C. 高度抽象　　D. 推论严密

364. 创新管理模型中包含的要素，不包括（　）。

A. 资源　　B. 战略

C. 改变　　D. 组织

365. 破除经验型思维定式的核心是冲破经验的（　），把经验上升到理论。

A. 宽阔视野　　B. 狭隘眼界

C. 封闭视野　　D. 以上都不是

366.（　）是把事物的整体分解为若干部分进行研究的技能和本领。

A. 创造能力　　B. 综合能力

C. 分析能力　　D. 实践能力

367. 造纸方法、炼钢方法、印刷方法、通信方法等，属于发明中的（　）发明。

A. 产品　　B. 物质

C. 方法　　　　　　　　D. 改进

368. 训练逆向思维的方法包括怀疑法、批判法、对立互补法、(　　)、悖论法。

A. 事实法　　　　　　　B. 论据法

C. 反事实法　　　　　　D. 辩论法

369. “月晕而风，础润而雨”“朝霞不出门，晚霞行千里”“鱼鳞天，不雨也风颠”等体现的是(　　)思维方式。

A. 逆向思维　　　　　　B. 正向思维

C. 发散思维　　　　　　D. 收敛思维

370. (　　)是人类思维活动的一种高级过程形式，它是人们在头脑中长期积聚的知识、经验的基础上，伴随着创造想象，向问题的深度和广度方向进行立体交叉的思维。

A. 二维思维　　　　　　B. 立体思维

C. 发散思维　　　　　　D. 以上都不是

371. 当进行创新活动时，思维主体从要解决的问题出发，多方向、多角度、多侧面扩大思考范围，这属于(　　)。

A. 逻辑思维　　　　　　B. 辩证思维

C. 发散思维　　　　　　D. 形象思维

372. (　　)是成功地完成识记、保持、回忆或再现过程的个性心理特性，是智力活动的基础和仓库，是生理活动和心理活动的统一。

A. 记忆力　　B. 想象力
C. 发明力　　D. 以上都不是

373. 在数据产品研发的过程中，（　）属于低层次数据。
A. 零次数据　　B. 一次数据
C. 二次数据　　D. 三次数据

374. 统计过程控制系统的特点不包括（　）。
A. 会及时告知企业生产过程中的波动情况，企业据此调整生产情况
B. 将波动情况与事先设定的规则进行对比，从而指引产品改善质量
C. 对质量改进措施作出评估，以便持续改善产品质量
D. 对生产全过程作出可靠的评估

375. 回归分析的目的是（　）。
A. 对历史数据进行统一　　B. 对历史数据归类
C. 对当前数据进行归类　　D. 对未知数据作出预测

376. 创新思维的许多成功案例充分证明，没有（　）就没有创新思维。
A. 民主性　　B. 从众性
C. 独立性　　D. 盲目性

377. 创新与发明创造的区别就在于它的推广应用，实现发明创造成果的价值，这体现出创新能力的（　）特征。

A. 综合性　　B. 实践性

C. 独创性　　D. 坚持不懈

378. 能够凭借想象力和创造性思维构造出前所未有的东西，打破以往的模式和框架，体现出创新能力的（　）特征。

A. 综合性　　B. 实践性

C. 独创性　　D. 复杂性

379. 人机工程是在生产管理过程中考虑人机工程的相关原则，从物品的位置、（　）、数量，操作人员作业姿势以及减少选择和确认过程等角度开展优化活动，减少不必要的动作，消除浪费，提高作业者操作的舒适性和工作效率。

A. 重量　　B. 质量的优劣

C. 动作　　D. 负荷

380. 信息化能力评价中最基本的原则是（　）。

A. 科学性和可操作性原则

B. 系统性和导向性原则

C. 动态评价和静态评价相结合的原则

D. 定性和定量相结合的原则

381. 信息化能力建设包括（　）两个方面的内容。

A. 投入和产出　　B. 硬件和软件

C. 动态和静态　　D. 劳动投入量

382. 德尔菲法作为集体智慧的采撷措施，实质上是促成一种特定

的专家系统的创新能力得到有效而最佳的结合，其核心在于要针对创新主题考虑所规定的人员素质和水平，拟定合适的（　）

A. 函询对象及内容　　B. 座谈调查的人选

C. 调查的范畴及手段　　D. 以上都不是

383. 以下不属于信息组织的发展阶段的是（　）。

A. 古代信息组织阶段　　B. 近代信息组织阶段

C. 当代信息组织阶段　　D. 现代信息组织阶段

384. 从全称判断推导出特称判断或单称判断的过程，即由一般性知识推出适合于某一具体情况的结论的推理是（　）。

A. 归结推理　　B. 演绎推理

C. 单调推理　　D. 默认推理

385. 通过改变或替换原有技术或产品中的部分内容即可完成的创新是（　）。

A. 小型创新　　B. 中型创新

C. 大型创新　　D. 特大型发明

386. “缺少数据资源，无以谈产业；缺少数据思维，无以言未来。”体现了（　）的重要性。

A. 极致思维　　B. 迭代思维

C. 大数据思维

387. 关于人工智能与数据分析，下列说法正确的是（　）。

A. 数据分析不依赖人工智能算法

B. 人工智能无法处理大数据

C. 大数据是人工智能发展的基础

D. 人工智能已经取代了所有的数据分析工作

388. 工业互联网平台不包括（　）技术。

A. 传感器技术　　B. 云计算

C. 大数据分析　　D. 人脸识别

389. 云计算是指基于（　）的相关服务的增加、使用和交互模式，通常涉及通过互联网来提供动态易扩展且经常是虚拟化的资源。

A. 云技术　　B. 互联网

C. 大数据　　D. 数字化

390. 演绎推理的三段论式不包括（　）。

A. 推理　　B. 结论

C. 大前提　　D. 小前提

391. 人工智能（AI）在制造业中不适合处理（　）类型的任务。

A. 简单重复　　B. 需要创造性思维

C. 大量数据分析　　D. 高精度测量

392. 为使员工能够随时看到和了解生产运作的每个方面和状况，需引入（　）。

A. 专业技术　　B. 全面生产维护

C. 错误预防　　D. 可视化控制

393. 创造性动机会直接导致（　）。

A. 创造性目标　　B. 创造性行为

C. 创造性需求　　D. 创造性愿望

394. 该发明或者实用新型能够制造和使用，并能够产生积极效果，指的是（　）。

A. 新颖性　　B. 实用性

C. 创造性　　D. 美观性

395. 综合能力必须与（　）紧密配合，才能通过深入细致的分析，正确认识事物，实现有价值的创新。

A. 想象能力　　B. 批判能力

C. 创造能力　　D. 分析能力

396. 钻木取火的发明是摩擦生热经验的启示，轮子的发明源自圆木滚动省力经验的启示，这表明（　）。

A. 创造发明来源于人类的经验或向自然学习的结果

B. 创造发明源于人类生存发展的需要

C. 创造发明是人类智慧和创造力的结晶

D. 创造发明不需要任何思考

397. 任何使现有财富创造能力发生改变的行为或活动都可以称为（　）。

A. 创意　　B. 创新

C. 创造　　D. 发明

398.（　）是创新的灵魂，必须对其作用加以发挥并使之形成合力。

A. 创新领导　　B. 创新文化

C. 创新制度　　D. 创新人才

399. 优秀的专业技术人员总是带着问题去考虑工作，强烈的（　）是思维的动力，这一意识能促使他们去发现问题、解决问题，直至创新。

A. 问题意识　　B. 忧患意识

C. 创新意识　　D. 以上都不是

400. 要开发创新思维潜能，就必须清除（　）的影响，建立积极的光明思维模式，学会光明思维和创新思维。

A. 积极思维模式　　B. 悲观思维模式

C. 创新思维模式　　D. 以上都不是

401. 创新能力作为人的能力中最重要、最珍贵、层次最高的一种能力，它涉及多方面的因素，其核心因素是（　）。

A. 创新学习能力　　B. 创新思维能力

C. 创新实践能力　　D. 创新行动能力

402.（　）强调的是对事物间的联系进行前所未有的思考，从而发明出新事物的思维措施。

A. 创新思维　　B. 创新能力

C. 创新实践　　D. 以上都不是

403.（　）是人类意识活动中一种最积极的、富有成果性的意识形态，是人们从事发明活动的出发点和内驱力，是创新思维和发明能力的前提。

A. 创新意识　　B. 创新思维

C. 创新能力　　D. 以上都不是

404. 创新的过程首先始于（　）。

A. 创新意识　　B. 创新手段

C. 创新能力　　D. 创新管理

405. 创新管理的首要职能是（　）。

A. 创新计划　　B. 创新组织

C. 创新领导　　D. 创新控制

406.（　）产生于人们的创新实践活动，受到创新实践的检查，并在创新实践中获得发展，同时又指引着人们的创新实践活动，推动着人们的创新实践活动，升华着人们的创新实践活动。

A. 实践观念　　B. 创新观念

C. 创新理论　　D. 以上都不是

407. 创新技法是创新能力最重要的构成部分，学习和运用正确的（　），对于培养人们的创新能力具有重要的作用。

A. 老式的理论知识　　B. 他人的先进经验

C. 创新技法知识和技能　　D. 以上都不是

408. 创新过程是一个系统变化的过程，最终要通过（ ）来实现。

A. 经济效益或社会效益　B. 技术变革

C. 创新产品　D. 组织结构变革

409. 信息技术最主要包括四个方面的技术，下面的（ ）不在其中。

A. 计算机技术　B. 数字媒体处理技术

C. 传感技术　D. 控制技术

410. 在实施智能仓库系统时，（ ）不是必须考虑的因素。

A. 货物的自动化分类　B. 库存的实时监控

C. 出入库的快速处理　D. 消费者的个人喜好

411.（ ）不属于制造企业全数字化生命周期迭代优化数字孪生。

A. 生产数字孪生　B. 设备数字孪生

C. 城市数字孪生　D. 产品数字孪生

412. 信息资源供需变化的指示器是（ ）。

A. 科技　B. 市场

C. 成本　D. 价格

413. 布鲁诺捍卫和发展了哥白尼的太阳中心说被活活烧死，这体现了创新的（ ）。

A. 普遍性　B. 永恒性

C. 超前性　D. 艰巨性

414. 创新存在于一切领域，没有哪个学科、哪个行业、哪个领域永远会是一成不变的。这阐述了创新的（　）。

A. 普遍性　　B. 永恒性

C. 超前性　　D. 艰巨性

415. 拥有（　）和核心技术，才能生产具有核心竞争力的产品，才能在激烈的竞争中立于不败之地。

A. 自主知识产权　　B. 资金流

C. 产业链　　D. 信息化技术

416. “如何让更多的班组成员参与讨论、相互激发、找到更好的解决问题的方法”是班组创新管理六步法中（　）步骤的关键。

A. 找到创新的机会　　B. 分析现有方法

C. 产生新的创意　　D. 制订实施计划

417. 在产品生命周期管理中，“下游活动”通常指的是（　）。

A. 产品设计　　B. 市场营销

C. 产品销售后服务　　D. 供应链管理

418.（　）不属于计算机辅助制造（CAM）的内容。

A. 机床编程　　B. 制造工艺规划

C. 产品生命周期评估　　D. 设备监控

419. 在产品生命周期系统中，“配置管理”是指（　）。

A. 产品营销策略的设定

B. 产品各版本的管理和控制

C. 产品生命周期的财务分析

D. 生产过程的质量控制

420. 在产品生命周期管理中，“上游活动”通常包含（　）。

A. 产品分发与销售　　B. 客户反馈与服务

C. 产品设计与开发　　D. 供应链优化

421. 在竞争环境分析中，（　）是一种重要信息分析能力。

A. 环境扫描　　B. 谈判能力

C. 产品服务　　D. 产品代替

422. ERP 系统在供应链管理中不承担（　）职责。

A. 订单处理　　B. 客户服务

C. 产品分销　　D. 产品创新

423. 计算机辅助设计（CAD）通常用于（　）。

A. 产品销售　　B. 产品设计

C. 产品分发　　D. 客户服务

424. 在制造执行系统（MES）中，设备效率主要通过（　）来衡量。

A. 年度销售增长率　　B. 总设备效率

C. 产品返工率　　D. 客户满意度

425. 在产品生命周期管理中，最终用户反馈主要用于（　）。

A. 产品设计　　B. 产品测试

C. 产品发布　　D. 产品改进

426. 在产品的生命周期中，维护和报废阶段主要关注（　　）。

A. 产品的市场推广　　B. 产品的制造与装配

C. 产品的使用与维护　　D. 产品设计的修改

427. 在实施高级计划排程（APS）系统时，（　　）不是需要考虑的重要因素。

A. 生产线平衡　　B. 供应商的可靠性

C. 产品的生命周期　　D. 员工的教育水平

428. 计算机辅助设计（CAD）软件在产品设计中的作用是（　　）。

A. 市场营销分析　　B. 财务会计

C. 产品的三维建模　　D. 文档管理

429. 在 3D 打印技术中，“激光烧结”是用于（　　）过程的。

A. CAD 建模　　B. CAM 加工

C. 产品测试　　D. 材料加工

430. 发散思维是创新思维的最重要的特点，是（　　）的重要标志之一。

A. 评估思考能力　　B. 检查智力水平

C. 测定发明力　　D. 证明实力

431. 企业业务数据按（　　）可分为结构化数据和非结构化数据。

A. 数据形式　　B. 数据逻辑

C. 参照程度　　D. 数据格式

432. 相较于制造执行系统（MES）的以生产运行为核心，制造运营管理（MOM）系统将（ ）并列起来，使用一个统一的通用活动模型模板来描述，并详细定义了通用活动模型内部的主要功能及各功能之间的信息流。

A. 采购仓储、质量运行、生产运营

B. 采购仓储、生产运营、质量运行、物流和库存运行

C. 采购仓储、生产运营、质量运行

D. 生产运营、维护运行、质量运行、库存运行

433. 供应链管理主要包括（ ）三大基本内容。

A. 采购、物流、质量　　B. 采购、物流、仓储

C. 采购、仓储、质量　　D. 物流、仓储、质量

434. 产品生命周期的“工艺规划”主要用于（ ）。

A. 产品营销策略制定

B. 制造过程的设计与优化

C. 财务与成本管理

D. 市场需求预测

435. 在制造执行系统（MES）中，（ ）指标不是用于评估生产效率的。

A. 设备利用率　　B. 生产周期

C. 材料消耗率　　D. 营销

436. 人机工程学是一门多学科的交叉学科，研究的核心问题是在

不同的作业中人、(　　) 及环境三者间的协调。

A. 机器　　B. 方法

C. 材料　　D. 测量

437. 数据审计是对数据内容和元数据进行审计，发现其中存在的(　　)。

A. 缺失值　　B. 噪声值

C. 不一致、不完整值　　D. 以上都是

438. 专业技术人员运用逆向思维措施就是要形成一种观念，即在思维的过程中，并不是只存在一条明显的思维道路，对客观事物要向(　　) 分析、思考，这样可以变化老式的立意角度，产生全新的见解。

A. 相似的方向　　B. 相反的方向

C. 不同的方向　　D. 以上都不是

439. 阻碍创新思维的因素有许多种，主要可分为外在阻力与内在阻力，思维定式是阻碍创新思维的(　　)，是头脑中束缚思维创新的枷锁。

A. 外在阻力　　B. 内在阻力

C. 不拟定阻力　　D. 以上都不是

440. 在 CAD 软件中，通常使用(　　) 来保存三维模型设计。

A. 文本文件 (.txt)　　B. 图像文件 (.jpg)

C. 标记语言文件 (.html)　　D. 三维模型文件 (.stl)

441. 一般来说，类比对象的属性与类推的属性之间具有（　）的联系，则结论的可靠性就高；否则，结论的可靠性就低。

A. 抽象和形象　　B. 简朴和复杂

C. 必然和本质　　D. 以上都不是

442. 逻辑的思维法包括（　）。

A. 比较法、分析法、综合法、推理法

B. 比较法、分析法、推理法、处理法

C. 比较法、分析法、外推法、综合法

D. 推理法、因果法、分析法、综合法

443. 数据存储的安全是指数据库在系统运行之外的（　）。

A. 保密性　　B. 安全性

C. 备份功能　　D. 可读性

444. 在创新思维活动中，（　）是激发创新思维的重要因素，是维持发明性活动的“精神能源”，是任何有志于发明的人特别是科学工作者所必须具有的心理素质。

A. 持久的耐力　　B. 顽强的意志

C. 饱满的热情　　D. 丰富的经验

445. 共享服务体系的构建理念是（　）。

A. 厚平台，厚应用　　B. 厚平台，薄应用

C. 薄平台，薄应用　　D. 薄平台，厚应用

446.（　）是科学精神的重要因素，是创新思维的前提。其所能

带来的是在接受一种事物或认识时的不确定和再思考。

A. 怀疑精神　　B. 钻研精神

C. 包容精神　　D. 探索精神

447. 以下不属于班组信息化建设的作用和意义的是（　）。

A. 提高班组安全管理、应急管理信息的准确性和及时性，提升班组安全控制能力

B. 促使班组生产业务流程更加科学、合理，增强班组生产组织能力和快速反应能力

C. 班组信息化能够实现物质资源的最佳组合，但缺少对人员的组合安排

D. 提供信息交流平台，开展模块化教学，交流班组管理的先进经验和成果，提高员工的技能素质和创新能力

448. 立体思维有狭义和广义之分。狭义的立体思维是指把常规的平面型思维思路模式扩展到空间，（　）。

A. 把一维思维演变成二维思维

B. 把二维思维演变成三维思维

C. 把单向思维演变成双向思维

D. 把正向思维演变成逆向思维

449. 计算机内部是以（　）形式来传送、存储、加工处理数据和指令的。

A. 二进制码　　B. 拼音简码

C. 八进制码　　D. 五笔字型码

450.（　）即快速成型技术的一种，又称增材制造，它是一种以数字模型文件为基础，运用粉末状金属或塑料等可黏合材料，通过逐层打印的方式来构造物体的技术。

A. AR 技术　　B. 3D 打印

C. VR 技术　　D. 以上都不是

451.（　）技术利用计算机技术、三维图形技术、仿真技术、显示技术、多媒体技术等，产生一个逼真的三维视觉、触觉、嗅觉等多种感官体验的虚拟世界，从而使处于虚拟世界中的人产生一种身临其境的感觉。

A. AR　　B. VR

C. MR　　D. HR

452.（　）技术是虚拟现实技术的进一步发展，通过在现实场景中模拟虚拟场景信息，在现实世界、虚拟世界、客户之间建立一个信息交互反馈的信息渠道，以增强客户的真实体验。

A. AR　　B. VR

C. MR　　D. HR

453. 信息物理系统是一个综合计算、网络和物理环境的多维复杂系统，信息物理系统的英文简称是（　）。

A. MES　　B. CPS

C. IoT　　D. APS

454. 班组长要掌握的 IT 系统知识不包括（　）。

A. HRM　　B. MES

C. ERP　　D. WMS

455. AIGC+ 教育将带来的变化是（　）。

A. AIGC 为教育工作者提供了新的工具，使原本抽象、平面的课本具体化、立体化

B. AIGC 无法为教学注入新的活力

C. AIGC 无法让数字教学更具互动性和趣味性

D. AIGC 无法帮助精准教学和自动评阅

456.（　）是面向生产生活领域的、解决部分人力问题的一种机器装置。

A. 智能机器人　　B. 智能数控机床

C. 3D 打印机　　D. 智能传感器

457.（　）是数控机床进一步发展的高级形态，是先进制造技术、信息技术及智能技术三者共同结合的智慧产物。

A. 智能机器人　　B. 智能数控机床

C. 3D 打印机　　D. 智能传感器

458.（　）是直接将数字化模型转变为产品的一种打印设备，这种设备极大程度地简化了工作流程，降低了研发周期，使得任意复杂零件的生产成为可能。

A. 智能机器人　　B. 智能数控机床

C. 3D 打印机　　D. 智能传感器

459. 人工智能的起源可以追溯到（　）。

A. 19 世纪　　B. 20 世纪

C. 21 世纪　　D. 以上都不是

460. 达维多定律：进入市场的第一代产品能够自动获得（　）市场份额。

A. 40%　　B. 50%

C. 20%　　D. 30%

461. 首次提出“人工智能”是在（　）年。

A. 1946　　B. 1960

C. 1916　　D. 1956

462. 有专家研究表明，每一个正常人的大脑在构造上没多大差别，且一般只利用了大脑潜能的（　）。

A. 5%　　B. 10%

C. 15%　　D. 20%

463. 现代数字化组织具有以下（　）三种模式。

①数字化管理成立独立的业务部门；②数字化管理嵌入已有业务部门；③设立独立的数据化能力中心；④数据化能力中心嵌入已有业务部门

A. ①②③　　B. ②③④

C. ①②④　　D. ①③④

464. 数字孪生具有四大特征：(　　)。

①尺度；②互换性；③扩展性；④兼容性；⑤高保真性

A. ①②③④　　B. ②③④⑤

C. ①②③⑤　　D. ①②④⑤

465. 创新能力的培养必须基于以往的实践经验，在实践中摸索、总结和学习，通过（　　）等途径实现。

A. “学、练、钻、问”　　B. “练、干、学、研”

C. “学、练、干、融”　　D. 以上都不是

466. 企业外部信息中，对于班组生产决策最具参考价值的是（　　）。

A. 国家法规和行业规定　　B. 员工个人思想情绪

C. 新技术的应用情况　　D. 班组内部劳动力结构

467. 班组内部信息管理的主要任务不包括（　　）。

A. 收集员工考勤信息　　B. 管理员工个人家庭情况

C. 传递生产任务内容　　D. 记录作业质量和产品质量

# 多项选择题

1. 随着数字技术、智能技术的深入发展，人工智能被运用到各种领域。为了不被人工智能取代，管理者需要具备（　）。

A. 为成员描述愿景的能力

B. 让员工看到更优秀的事物的能力

C. 提高员工的认知水平和认知能力

D. 做好员工期望管理工作的能力

2. 数字技术不断融入组织的各个领域，将会彻底改变（　）的互动方式，将现实世界与数字世界的边界打破并融合在一起。

A. 组织与顾客　　B. 组织与员工

C. 组织与行业　　D. 组织与社会

3. 创新能力就是一种人（或群体）通过创新活动、创新行为而获得创新成果的能力，是人在创新活动中所具有的（　）三种能力的总和。

A. 提出问题　　B. 分析问题

C. 解决问题　　D. 总结问题

4. 创新思维作为一种思维活动，既有一般思维的共同特点，又有不同于一般思维的独特之处，具有（　）的特点。

A. 独创性　　B. 灵活性

C. 偶然性　　D. 综合性

E. 单一性

5. 联想是形成创新的一条重要途径，也是应用最为广泛的途径。

联想类创新技法主要有（　）和相似联想法等。

A. 焦点联想法　B. 二元坐标联想法

C. 图片联想法　D. 自由联想法

6. 自我刺激是通过（　），最大限度地开发人才发明力的一股重要的内在动力。

A. 自我控制　B. 自我认识

C. 自我调节　D. 自我鞭策

7. 创新思维作为知识创新的源泉和动力，集中表现在创新思维的（　）和（　）完全适用于知识创新。

A. 自身优势　B. 形成动因

C. 激发途径　D. 自身特点

8. 人工智能的主要研究领域包括（　）。

A. 自动推理　B. 专家系统

C. 机器学习　D. 自然语言理解

E. 机器人学和智能控制　F. 模式识别

9. ERP 系统体现了（　）等先进的管理思想。

A. 精益生产　B. 敏捷制造

C. 并行工程　D. 准时制

10. 组合思维措施和组合设计技巧是发明者需要掌握的基本发明技能。组合型创新技法有（　）。

A. 同类组合法　B. 异类组合法

C. 主体附加法　　D. 重组组合法

11. 从思维的角度来说，经验具有很大的狭隘性，束缚了思维的广度。这种狭隘性的重要体现为（　）。

A. 时空狭隘性　　B. 主体狭隘性

C. 忽视偶然性　　D. 重视偶然性

12. 在思维实践的过程中，逆向思维是建立在对（　）的反叛基础上的，是对常规思维的否认和挑战。

A. 老式　　B. 惯例

C. 常识　　D. 重复

13. 创新能力一般是由（　）和非智力因素这几大要素构成的。这些要素互相作用、互相影响，决定了创新能力的总水平。

A. 知识经验　　B. 特殊创新能力

C. 一般创新能力　　D. 智力水平

14. 创新管理以构建和提高核心能力为中心，以创造和增加价值为目标，以战略为导向，以技术创新为核心，以（　）有机组合为手段。

A. 组织创新　　B. 管理创新

C. 文化创新　　D. 制度创新

15. 自动化是一门涉及学科较多、应用广泛的综合性科学技术，作为一个系统工程，它由控制单元和（　）组成。

A. 程序单元　　B. 作用单元

C. 传感单元　　D. 制定单元

E. 信息单元

16. 仓储管理系统的功能有（　）。

A. 能够提供收货、入库、出库、盘点等各种仓库操作功能

B. 支持多仓协同管理，并根据具体仓库情况制定个性化管理措施

C. 提供智能策划规则，实现智能仓储操作

D. 支持自动识别技术，与智能仓储装备相配合，能够提高仓库作业自动化水平

17. 软件维护的目的是保证软件系统能持续地和（　）取得协调一致。

A. 用户环境　　B. 数据处理操作

C. 物理环境　　D. 政府或其他部门请求

18. 在班组创新过程中，团队协作的重要性体现在（　）。

A. 提高工作效率　　B. 减少沟通成本

C. 促进知识共享　　D. 增强团队凝聚力

19. 班组创新管理的成功实施需要（　）条件。

A. 领导的重视和支持　　B. 员工的积极参与

C. 充足的资源投入　　D. 有效的沟通机制

20. 托尼·瓦格纳教授把创新者分为（　）。

A. 科学技术工程与数学的创新者

B. 热爱社会的创新者

C. 有超前思维的创新者

D. 有社会责任的创新者

21. MIS（管理信息系统）可用于（　）。

A. 满足相应的人力资源领域的人力资源信息系统

B. 营销领域的营销信息系统

C. 高层管理和决策领域

D. 辅助管理系统

22. 想要提升班组创新管理水平，班组长需要（　）。

A. 引导班组成员转变观念

B. 引导班组成员提高参与意识与技能水平

C. 建立创新激励机制

D. 营造创新的环境

23. 多媒体信息包括（　）。

A. 视频　　B. 音频

C. 图像　　D. 音响

24. 生产工艺创新是指企业运用新的（　）等，提高企业的生产技术水平、产品质量和生产效率的活动。

A. 生产技术　　B. 操作程序

C. 组织结构　　D. 以上都是

25. 信息管理系统应用的领域有（　）。

A. 营销领域　　B. 高层管理和决策领域

C. 人力资源领域　　D. 以上都不是

26. 现在很多班组现场作业逐步实现规范化和表单化，但是现有作业表单流程，主要是通过班组人员将纸质化的作业表单带到作业现场进行逐项填写，作业结束后将表单提交归档整理的过程，该管理过程存在巨大缺陷和不足，主要包括（　）。

A. 无法对员工现场作业方式、作业态度和作业质量进行全面监控，存在安全管理风险

B. 无法对作业效率等统计分析，无法对现场员工的工作进行统计和量化

C. 无法对现场作业计划执行情况进行监管

D. 以上都不是

27. 创新的结果可以是（　）。

A. 非物质的　　B. 曾经存在的

C. 物质的　　D. 已经存在的

28. 生活中没有一成不变的计划。人生要想获得成功，就要（　），抱着老观念走路，是断然不会成功的；相反，学会变通，就会得到意想不到的收获。

A. 顺势而变　　B. 顺时而变

C. 逆时而变　　D. 一成不变

29. 领导者思维活动过程更多地体现在对各类问题解决的过程中。

创新思维分为（ ）这几个环节。

A. 提出假设　　B. 分析问题

C. 发现问题　　D. 验证假设

30. 从众型思维定式是指长期受平常接触的人们的（ ）和解决问题措施模式的影响，习惯性地模仿和参照别人的一种思维定式。

A. 行为模式　　B. 思考模式

C. 生活模式　　D. 学习模式

31. 逆向思维往往通过（ ）等多种方式来实现。

A. 位置颠倒　　B. 上下调换

C. 思考易位　　D. 选择易位

32. 从管理层面来看，信息产业的运行机制主要包括（ ）。

A. 统一管理　　B. 市场管理

C. 社团管理　　D. 行政管理

33. 信息组织的基本要求表现为（ ）。

A. 信息内容有序化　　B. 信息流向明确化

C. 信息产品提高化　　D. 信息数量精约化

34. 基于信息技术的项目管理信息系统，主要用于项目的（ ）。

A. 信息检索和查询　　B. 目标控制

C. 人、财、物的管理　　D. 信息收集和存储

35. 信息的特征主要表现在（ ）。

A. 信息可以加工　　B. 信息可以传送

C. 信息可以共享　　D. 信息可以压缩

E. 信息可以递增

36. 信息系统是主要由（　）组成的人机系统。

A. 计算机硬件软件　　B. 网络和通信设备

C. 信息资源　　D. 信息开发

37. 信息技术的作用表现在（　）。

A. 信息技术能推动经济的增长

B. 信息技术有利于传统产业的改造

C. 信息技术有利于实现经济可持续发展

D. 信息技术有利于社会生活方式的改善

38. 下列属于信息经济核算法的有（　）。

A. 马克卢普—波拉特方法

B. 信息产业乘数效应分析法

C. 信息产业投入—产出分析法

D. 信息化指数法

39. 企业信息化包括（　）。

A. 实现企业工作流信息化

B. 企业商务流程的信息化

C. 实现企业运作管理的信息化

D. 信息化政策

40. 信息系统的逻辑结构由（ ）构成。

A. 信息源　　B. 信息处理器

C. 信息用户　　D. 信息管理者

41. 信息产业的特征有（ ）。

A. 信息产业是先导型产业

B. 信息产业是知识智力密集型产业

C. 信息产业是高投入型产业

D. 信息产业是高风险产业

42. 信息产业的发展呈现出（ ）。

A. 多极化和国际化趋势

B. 产业结构高级化趋势

C. 信息产品能力倍增而成本倍增趋势

D. 信息产品能力递减而成本递减趋势

43. 信息检索包括的步骤有（ ）。

A. 需求分析　　B. 检索策略制定

C. 信息获取　　D. 信息表现

44. 激发大脑的创新思维潜能需要把握（ ）。

A. 好奇心　　B. 远大而明确的目的

C. 克服恐慌　　D. 心理态度

45. 逆向思维训练需要掌握（ ）等几种基本措施。

A. 方位逆向法　　B. 属性逆向法

C. 因果逆向法　　D. 心理逆反法

46. 以下适合使用 ChatGPT 模式进行处理的是（　）。

A. 工作计划　　B. 数据分析决策

C. 产品设计　　D. 写诗

47. 以下为信息资源的主要经济特征表现的是（　）。

A. 作为生产要素的人类需求性　　B. 使用方向的可选择性

C. 共享性　　D. 稀缺性

48. 计算机和网络方案的选择需要考虑（　）。

A. 配置系统软件环境　　B. 配置系统硬件环境

C. 确定网络系统结构　　D. 物理环境

49. 班组创新活动是否有效，需要将最后的结果与设定的目标相比较，以评价新方法是否有效。在评价时，可以从多个方面进行评价，包括（　）。

A. 指标　　B. 现场变化

C. 人员变化　　D. 文化变化

E. 制度变化

50. 企业商务流程的信息化包括（　）。

A. 销售　　B. 采购

C. 库存　　D. 文档

51. 信息分析的作用有（　）。

A. 为科学决策服务　　B. 为研究和开发服务

C. 为市场开拓服务　　D. 为客观调控服务

52. 下列（　）属于出库业务。

A. 生产订单领料　　B. 工序领料

C. 销售发货　　D. 委外领料

53. 推动产品生命周期管理发展的主要因素有（　）。

A. 用户个性化需求　　B. 产品生产成本

C. 全球化的市场竞争　　D. 网络及信息技术的支持

54. 科技界一般将信息化区分为（　）三个阶段。

A. 智能化　　B. 数字化

C. 区块化　　D. 网络化

55. 计算机技术的发展主要体现在（　）。

A. 巨型化、高速化、大规模集成化

B. 微型化、多功能化、个人化

C. 快速化、简单化

D. 网络化

56. 随着现代信息技术特别是（　）等技术的发展和广泛应用，信息的搜集、分析处理、传递方式发生了革命性的变化。

A. 计算机　　B. 远程通信

C. 数据库　　D. 网络

57. 系统切换中需要进行培训的人员主要有（　）。

A. 系统操作人员　　B. 系统维护人员

C. 管理人员　　　　　　　　D. 外来人员

58. 所谓换位思维，其实就是换（　）看待生活中的多种事物，这样可以使我们作出在平时惯常思维下不一样的选择。

A. 一种立场　　　　　　　　B. 一种视觉

C. 一种角度　　　　　　　　D. 同一角度

59. 信息化的三个层次包括（　）。

A. 通过自动控制、知识密集而实现的生产工具信息化

B. 通过对生产行业、部门乃至整个国民经济的自动化控制而实现的社会生产力系统信息化

C. 通过通信系统、资讯产业以及其他设施而实现的社会经济、文化和生活的全面信息化

D. 通过科学技术对资源开发的科技信息化

60. 以下选项，属于 AI 重塑互联网内容生产方式的部分有（ ）。

A. 让创作者不再过多焦虑创作难度，做到充分发挥想象力和创意

B. 自动提取和整理视频素材，进行视频内容的归纳总结

C. 提升自动推荐效能，为知识型社区或平台带来更好的商业变现能力

D. 通过 AI 技术的应用，视频创作者可以减少工序性的人工消耗

E. 内容质量好、专业程度高、优质创作者聚集的内容平台，

有望成为 AIGC 时代的重要受益者

61. 运营者要做好（　），以提升 AI 文本准确度，确保营销目标达成。

A. 输入大量案例让 ChatGPT 模仿

B. 要求输出的文本语气必须是什么风格的

C. 要求 ChatGPT 按照特定模板输出

D. 提示词当中提出 3 个以上的要求

62. 通过班组信息管理，减少了冗余环节，使一些专业管理工作直接面对班组，企业的各项规章制度和指令灵敏快捷地落实到班组，大大提高管理效能，科学合理地变更班组设置，规范班组管理。其作用和意义具体表现在（　）。

A. 提高班组安全管理、应急管理信息的准确性和及时性，提升班组安全控制能力

B. 促使班组生产业务流程更加科学、合理，增强班组生产组织能力和快速反应能力

C. 促进班组成员合理组合，使现有资源达到最佳组合，从而提高班组的劳动生产率

D. 提供信息交流平台，开展模块化教学，交流班组管理的先进经验和成果，提高员工的技能素质和创新能力

63. 以下属于信息化显性价值的是（　）。

A. 提高生产管理价值　　　　B. 提高采购及库存管理价值

C. 提高工作效率　　D. 提高设备管理价值

64. 技术创新的过程是整合，技术整合的成果是创新。技术创新与技术整合对公司的技术进行（　），从而形成新的技术或新的产品。

A. 组合　　B. 嫁接

C. 渗入　　D. 提高

E. 合作

65. 企业创新价值最大化，需要（　）。

A. 思考人类的未来　　B. 关注国际风向

C. 关注科学技术进展　　D. 思考国家未来发展方向

66. 数字化时代的企业领导者需要增强（　）意识。

A. 数字化管理　　B. 数字化营销

C. 数字化工厂　　D. 数字化交流

67. 领导者的数字化治理技能是指互联网的治理与企业管理的能力，主要包括（　）。

A. 对数据的敏感度

B. 数字化管理能力，如采集、传输、分析、储存、计算、应用

C. 从标准化的、规范化的、流程化的“系统”到程序化、智能化、数字化

D. 数字化分析与决策能力

68. 目前，得到普遍认同的检索效果的评价标准主要有（　）。

A. 查全率　　B. 查准率

C. 收录范围　　D. 输出格式

69. 科学怀疑是从反面进行思考、摸索、研究的理性思维活动，是具有（　）等特性的思维形式。

A. 否认性　　B. 试控性

C. 不拟定性　　D. 适用范围

70. 信息系统的金字塔形结构从上往下可分为（　）。

A. 战略计划管理信息系统

B. 管理控制层信息库及应用系统

C. 操作控制层信息库及应用系统

D. 事务数据处理

71. 组织管理需要关注数字技术带来的变化，包括（　）。

A. 效率不再源于分工，而是源于协同

B. 激励创新，而非绩效考核

C. 需要全新文化，强调互为主体、共创共生

D. 生产速度，争分夺秒提高生产速度

72. 思路决定出路，格局决定结局。因此，创新思维是（　）的前提，没有创新思维就不可能有创新活动。

A. 创新设计　　B. 创新实践

C. 创造力发挥　　D. 生产力发展

73. 信息系统的物理结构的功能部分包括（ ）。

A. 质量管理　B. 产品销售

C. 经营管理　D. 生产管理

74. 采购订单可以根据（ ）等生成或手工录入。

A. 请购单　B. 委外订单

C. MPS/MRP 计划　D. 生产订单

75. 典型的文献检索行为多见于（ ）的情形。

A. 为了编写教材写综述性论文

B. 某作者需要对论述相关问题的大量文献进行搜集和阅读

C. 为了审查某项专利发明的新颖性和先进性

D. 审查员需要在规定的“新颖性调查范围”内查阅有关的专业说明书及其他材料

76. 以下执行类项目当中，涉及较多 AI 工具使用的是（ ）。

A. KOL 拓展　B. 账号矩阵搭建

C. 文案撰写　D. 社群管理

E. 图片设计

77. 直觉在整个创新思维过程中，无论是（ ），还是在领悟机遇的价值、在缺少可供推理的事实时决定行动方案等多方面，都具有重要的作用。

A. 辨认线索　B. 选择研究课题

C. 拟定研究方向　D. 善于思考

78. 头脑风暴法经各国创造学研究者的实践和发展，至今已经形成了一种发明技法群，其中涉及（　）。

A. 奥斯本智力鼓励法　B. 默写式智力鼓励法

C. 卡片式智力鼓励法　D. 三菱式智力激励法

79. 机器人常用消耗品有（　）。

A. 电池　B. 保险丝

C. 光电开关　D. 润滑油

80. 思维的独立性体现为善于独立地提出问题、分析问题和解决问题，（　）。

A. 不是人云亦云　B. 不否认权威

C. 不迷信权威　D. 认同权威

81. 用立体思维思考问题时常用的基本条件或思考角度是（　）。

A. 有一定的空间　B. 有一定的时间

C. 有万物联系的网络　D. 缺少方法支持

82. 创新的本质内涵是新的组合，这些新的组合包括（　）。

A. 创造一种新的产品

B. 采用一种新的生产方法或新的商业方式

C. 开辟一个新的市场

D. 取得或控制原材料或半成品的一种新的供给来源

E. 实现任何一种新的产业组织方式或企业重组

83. 文献资料的加工整理方法有（　）。

A. 编目法　　B. 分类法

C. 文献索引法　　D. 排序法

84. 思维定式包括（　）。

A. 线性思维　　B. 惯性思维

C. 惰性思维　　D. 逆向思维

85. 思维定式的形成与现实社会的文化传统和个人的独特生活经历有很大关系，支撑思维定式的，是思维主体所具有的（　）等内在因素。

A. 实践目的　　B. 价值模式

C. 知识储备　　D. 能力储藏

86. 创新能力是人的（　）及智慧的统一与结合。

A. 知识　　B. 技能

C. 智力　　D. 能力

87. 一般而言，质疑思维有（　）等基本形式。

A. 起疑思维　　B. 提问思维

C. 追问思维　　D. 目的导向思维

88. 在班组创新管理中，实施就是按既有计划完成任务并取得效果，是把想法转化成实际价值的关键环节。在实施过程中需要（　）。

A. 向相关人员宣讲清楚创新的意义、方法以及给每个人可能带来的收益

B. 在实施过程中注意沟通，通过沟通，了解各方想法，结合实际解决问题

C. 及时地指导，结合实施过程中的问题进行指导，使团队掌握方法继续前进

D. 明确标准，进行检查，发现偏差，及时纠正

E. 需要界定清楚问题，提交班组直接领导，由领导帮助解决问题

F. 以上都不是

89. 从功能视角来看，数字孪生包括以下（　）方面的能力等级。

A. 预测　　B. 诊断

C. 决策　　D. 描述

90. 创新思维能力的开发，即是通过合适的（　）和实践，将潜藏在人脑内长期不用的、处在冬眠状态的思维能力重新呼唤出来，使人成为一种有创新能力的人。

A. 启迪　　B. 开发

C. 训练　　D. 灵活

91. 激发创新的方法有（　）。

A. 奥斯本检核表法　　B. 头脑风暴法

C. 逆向思维法　　D. 联想思维法

E. 思维导图法

92. 数据即洞察，意味着只有理解数据，才能理解消费者和市场。

那么，商业活动因为数据产生的变化包括（　　）。

A. 顾客转向用户　　　　B. 产品转向数据

C. 供应转向协同共生　　D. 连接转向拥有

93. 想要提升数字化领导力，领导者需要培养（　　）等思维与意识。

A. 数字化思维　　　　B. 自我革命意识

C. 快速精确意识　　　D. 跨界互联互通意识

94. 防错料管理系统的作用有（　　）。

A. 严格把控上料工作，有效防止错料发生，并且使得生产产能提高

B. 全程记录作业人员的信息与操作时间

C. 全程采用电子化操作，最大限度地减少人工操作，提高工作效率

D. 可以正反追溯物料使用情况，全程追溯产品生产记录

95. 信息化三个方面的意义包括（　　）。

A. 企业组织内的数据信息化　B. 作业和管理流程信息化

C. 信息资源开发和利用　　　D. 决策信息化

96. 根据信息资源在社会经济活动中运用的过程和发挥作用的特点，信息资源的重要功能有（　　）。

A. 管理与协调功能　　　B. 文化传播功能

C. 选择与决策功能　　　D. 经济功能

97. 信息分析的特点有（　）。

A. 科学性　　B. 针对性

C. 系统性　　D. 近似性

98. 信息数量精约化要达到（　）要求。

A. 内容精练、简明扼要

B. 尽量降低信息的冗余度

C. 在解决问题的前提下筛选出最精约化的信息产品

D. 尽量提高信息的冗余度

99. 图像画面的内容特征主要包括（　）。

A. 颜色　　B. 纹理

C. 形状　　D. 结构

100. 可以通过（　）提升数字化领导力。

A. 与时俱进

B. 转变思维模式

C. 以客户需求为导向，不断满足客户的新需求

D. 建立能打胜仗的适应性的组织

E. 创新驱动，激活新生代的动能

101. 技术创新需要讲究措施。在多种创新措施中，有诸多可以运用到技术创新之中，从而形成技术创新的措施，包括类比法、移植法、（　）等。

A. 联想法　　B. 分析法

C. 综合法　　D. 简化法

102. 5W1H 法在实际应用中主要有四种技巧，分别是（　）。

A. 取消　　B. 合并

C. 改变　　D. 简化

E. 创新

103. 统计过程控制系统对企业来说最主要的作用体现在（　）。

A. 对生产全过程作出可靠的评估

B. 确定生产过程的统计控制界限，判断生产过程是否失控和是否有能力改进

C. 为生产过程提供一个早期报警系统，及时监控生产过程的情况，以防止废品的产生

D. 减少了对常规检验的依赖性，用定时观察及系统的测量方法替代了大量的检测和验证

104. 设问类创新技法有很多，主要包括（　）。

A. 奥斯本检核表法　　B. 和田十二法

C. 5W1H 法　　D. 检核表法

105. 人们可以通过（　）等措施，来发掘人的思维潜能。

A. 提高认识　　B. 学习技巧

C. 培养感受力、领悟力　　D. 坚强意志

106. 质疑思维最可贵的精神是它的（　）和规律性。

A. 求实性　　B. 求真性

C. 完整性　　　　D. 价值性

E. 反复性

107. 逆向思维作为一种有别于正向思维的思维方式，有其特别的地方。与正向思维方式相比，逆向思维具有（　）的重要特性。

A. 批判性　　　　B. 新颖性

C. 突破性　　　　D. 价值性

108. 采购订单是企业与供应商之间签订的采购合同、购销协议等，内容包含货物的（　）等。

A. 名称　　　　B. 数量

C. 到货时间　　　　D. 价格

109. 影响信息资源有效配置的因素是（　）。

A. 市场竞争和价格体系　　　　B. 管理体制

C. 信息资源使用者情况　　　　D. 技术和资源条件

110. 移植法是通过变换研究对象所处的时空位置，从而进行技术创新的一种有效措施。移植法一般涉及（　）。

A. 技术原理的移植　　　　B. 技术措施的移植

C. 技术手段的移植　　　　D. 技术功能的移植

111. 信息检索是一种有目的和组织化的信息存取活动，其中包括了（　）两个基本环节。

A. 取　　　　B. 存

C. 组织　　D. 计划

112. 信息系统安全管理的目标是（　）。

A. 保证系统在有充分保护、安全的环境中运行

B. 由可靠的操作人员按规则使用计算机系统、网络系统、数据库系统和应用系统

C. 系统符合安全标准

D. 机房安全达标

113. 下列说法属于创新范畴的是（　）。

A. 生产出一种新的产品

B. 采用一种新的生产方法

C. 开辟一个新的市场

D. 获得一种原料或半成品的新的供应来源

E. 实行一种新的企业组织形式

114. 设问类创新技法通过多种提问的方式，对要探讨的对象进行调研和分析，从而明确问题的（　）以及与之有关的环节等诸多因素。

A. 多种属性　　B. 可变限度

C. 合用范畴　　D. 活动场合

115. 文献调查的信息源有（　）。

A. 图书　　B. 期刊

C. 报纸　　D. 会议文献

116. 创新技法最直接的作用，除了协助发明者提出问题、发现问题、思考问题、分析问题之外，还有（　）。

A. 提出方案　　B. 提出设想

C. 总结经验　　D. 汇报总结

117. 根据创新的程度，创新可分为（　）。

A. 渐进性创新　　B. 激进性创新

C. 突破性创新　　D. 缓慢性创新

118. 创新思维是一种多元性思维，其种类繁多、构造复杂，因此，在创新思维过程中，伴随着多种多样的心理体现。具体来讲，创新思维过程中的心理有（　）和求变心理等多种体现。

A. 好奇心理　　B. 求知心理

C. 求新心理　　D. 怀疑心理

119. 认知的顺序是由特殊到一般，又由一般到特殊的辩证过程。在实际运用过程中，归纳和演绎是（　）的。

A. 互相联系　　B. 互为条件

C. 互为补充　　D. 互相转化

E. 互相配合

120. 在创新思维的过程中，左右脑的功能是相辅相成的，但是在这功能不可分割性的基础上，它们是需要（　）的。正是这种有机的整体配合，让创新思维成为可能并且具有价值。

A. 互相统一　　B. 互相协调

C. 互相融合　　D. 互不相干

121. 六顶思考帽法是指以（　）以及绿、蓝为颜色标记的帽子。六顶思考帽代表 6 种思维角色分类，是有效地支持和鼓励个人行为在团队讨论中充足发挥作用的措施。

A. 白　　B. 黄

C. 黑　　D. 红

E. 橙

122. 决策是管理的核心，管理是由一系列决策构成的。因此，决策创新是管理创新的重要内容。（　）和应变性是科学决策应达到的要求。

A. 目的性　　B. 可行性

C. 经济性　　D. 合理性

123. 文件是信息及其承载的媒体，下列（　）属于文件概念范畴。

A. 记录　　B. 图样

C. 标准　　D. 规范

E. 报告

124. 智力主要包括（　）和注意力等基本要素。

A. 记忆力　　B. 想象力

C. 思维力　　D. 观测力

E. 实践力

125. 创新意识和创新精神是一种（　）的心理状态和思想意识。它们是创新活动的前提。

A. 敢为人先　　B. 不断进取

C. 求新求异　　D. 故步自封

126. 在 ERP 系统中，采购管理模块包括（　）。

A. 请购　　B. 采购订货

C. 采购到货　　D. 供应商管理

127. 数字化给个体与组织匹配问题带来的变化包括（　）。

A. 与组织协同的个体因素发生了改变

B. 个体与组织动态匹配有了新内涵

C. 个体价值的唤醒与技术赋能

D. 个体发展速度加快

128. 创新的类型包含（　）。

A. 产品创新　　B. 破坏性创新

C. 商业模式创新　　D. 高端创新

129. 要提高大脑的实际运用率，就必须着力培养人的（　）的进取精神，鼓励人自觉开发创新思维。

A. 乐于思考　　B. 勤于思考

C. 善于思考　　D. 敢于思考

130. 一种人是否具有创新思维品质，最核心的是看他是否（　）。

A. 敢于怀疑　B. 不惧权威
C. 独立思考　D. 敢于批判
E. 善于挑战

131. 信息检索类型有（　）。
A. 文献检索　B. 事实检索
C. 数据检索　D. 概念检索

132. 在实践活动中，我们会（　）。可以说，任何创新的认识，都离不开实践的推动。因此，我们要积极地参与多种实践活动，有效激发自己的灵感。
A. 思考问题　B. 解决问题
C. 面临问题　D. 分析问题

133. 在班组创新管理中编制计划时，需要说明（　）。
A. 5W2H　B. 明确事件
C. 责任人　D. 方法
E. 时间　F. 地点

134. 入库业务有（　）。
A. 材料采购入库　B. 委外入库
C. 产品完工入库　D. 返修完工入库

135. 信息系统不安全因素中的物理部分有（　）。
A. 机房不达标　B. 设备缺乏保护措施
C. 存在管理漏洞　D. 恶意破坏

136. 在班组创新管理中编制计划时，需要注意的要点包括（　）。

A. 编制计划时需要注意围绕目标来展开计划，所有的工作都是为了达成目标

B. 编制创新改进计划时，重点工作放在方法创新上。因为与产品创新和技术进步相比，方法创新更容易

C. 进行改进时需要系统的改进，取得系统的效果

D. 对于影响安全、质量的新方法创意，最好先试运行

E. 考虑多种备选方案，进行选择

F. 充分考虑到计划对班组成员的影响

137. 培养班组长创新的思维与方法需要（　）。

A. 在平时累积知识和经验

B. 围绕创新问题收集材料

C. 围绕创新问题通过逻辑思维、形象思维、联想思维、非逻辑思维等多种形式进行思考

D. 对思考结果进行实践检验和评价

138. 创新不仅是一种实践活动，并且还是人的一种争自由的精神状态。这种努力追求挣脱客体束缚，要求驾驭客体的（　），就是人的一种争自由的创新精神。

A. 能动性　　B. 积极性

C. 首创性　　D. 独立性

139. 由于创新技法众多，因此对创新技法的运用也存在措施的应

用问题。一种措施不够，可用两种措施；两种措施不够，还可将多种措施穿插、搭配使用。核心在于（　）。

A. 巧妙组合　　B. 系统综合

C. 分解搭配　　D. 独立使用

140. 数据的输出形式通常有（　）。

A. 报表形式　　B. 图形形式

C. 文字形式　　D. 动画形式

141. 信息化能力的原则除了系统性和导向性相结合的原则外，还有（　）。

A. 科学性和可操性相结合　　B. 动态评价和静态评价相结合

C. 软件和硬件相结合　　D. 定性和定量相结合

142. 创新思维是一种具有流动性、灵活性的思维活动，它包括（　）等多种形式。

A. 发散思维　　B. 联想思维

C. 逆向思维　　D. 定式思维

143. 网络调查具有（　）的优势。

A. 调查费用低廉　　B. 调查范围极其广泛

C. 回收率高　　D. 调查效率高

144. 管理创新就是指对管理的各方面和各环节实行变革。管理创新突出强调的是引入新的管理方式，特别是适应（　）规定的新的管理措施。

A. 知识化　　B. 数字化
C. 智能化　　D. 低碳化

145. 文献检索的方法主要有（　　）。

A. 常规法　　B. 追溯法
C. 顺查法　　D. 倒查法

146. 信息组织最本质的依据是事物的属性，事物的多种属性又可归纳为（　　）。

A. 形式　　B. 内容
C. 效用　　D. 大小

147. 创新激情是创新的基础，也是创新的动力。没有创新激情，创新就没有前提。创新激情，是由丰富的（　　）和信息等构成的。

A. 知识　　B. 阅历
C. 经验　　D. 刺激

148. 常用的输入方式有（　　）。

A. 键盘输入　　B. 模 / 数转换输入
C. 网络数据传送　　D. 磁盘或光盘读入

149. 创新动机是鼓励人思考、推动人行动的内在力量，是一种推动人开展创新活动的主要动力。创新动机在创新活动中具有（　　）。

A. 激活功能　　B. 指向功能

C. 维持与调节功能　　D. 创造兴趣功能

150. 思维定式具有无比强大的惯性。一旦建立之后，它就可以“不假思考”地支配人们的（　），具有很强的稳固性甚至顽固性。

A. 思维过程　　B. 心理态度

C. 实践行为　　D. 创新意志

151. 创新技法是（　）的总称。做任何工作均有规律和措施可循和可用，创新和发明也是如此，同样有规律可循，有措施可用。

A. 创新措施　　B. 创新经验

C. 创新技巧　　D. 创新能力

152. 创新管理的框架包括（　）。

A. 创新计划　　B. 创新组织

C. 创新领导　　D. 创新控制

153. 信息的流程一般包括信息的（　）等方面。

A. 获取　　B. 加工

C. 存储　　D. 传输

E. 反馈

154. 只有在积极健康的心态下，才能实现人的潜能的自我开发。有了（　），可以使人的智力机能较好地发挥作用；反之，人的智力活动就会受到压抑。

A. 快乐的心情　　B. 健康的身体

C. 充沛的精力　　D. 抽象思维能力

155. 与创新意识有关联的是超越意识。超越是对传统的挑战，是对现实的突破，敢于（　）是人类最可珍贵的精神财富之一。

A. 超越前人　　B. 超越现实

C. 超越自我　　D. 超越能力

156. 两化融合是指（　）和（　）的融合。

A. 信息化　　B. 工业化

C. 现代化　　D. 产业化

157. 下列（　）属于库存业务。

A. 采购入库　　B. 产成品入库

C. 生产领用材料　　D. 产品销售出库

158. 在 21 世纪，市场需求的焦点有（　）。

A. 创新性　　B. 灵活性

C. 产品质量　　D. 产品价格

159. 绿色制造技术是指在保证产品的功能、质量、成本的前提下，综合考虑（　）和（　）的现代制造模式。

A. 环境影响　　B. 生命财产安全

C. 资源效率　　D. 产能极大发挥

160. ERP 系统集成了（　）功能。

A. 质量管理　　B. 实验室管理

C. 设备维修管理　　D. 仓库管理

161. 移植类创新技法是互换被移植对象所在的时空位置与作用的措施，而技术和功能的转移是通过事物的原理、构造、材料和措施的移植而实现的。因此，移植类创新技法可分为（　）。

A. 原理移植法　　B. 构造移植法

C. 措施移植法　　D. 材料移植法

E. 原创移植法

162. 在（　）中，可以使最佳的变成最坏的，最坏的亦可变成最佳的。这就是好与坏的对立统一。

A. 不同的时间　　B. 不同的地点

C. 不同的对象　　D. 不同的做法

163. 信息分析人员的主要任务是向评审专家、主管部门负责人和用户介绍分析成果的（　）。

A. 形成过程

B. 主要性能指标

C. 国内外同领域的研究状况

D. 本成果的主要特色

164. 电子交易过程大致可以分为（　）几个过程。

A. 交易前准备　　B. 交易谈判

C. 签订合同　　D. 办理交易前手续

# 判断题

1. 决策表是采用表格的方式处理逻辑。(　　)

A. 正确　　　　B. 错误

2. 产品数据管理系统明确定位为面向制造企业，以数据为管理的核心，以产品、过程和资源为管理信息的三大要素。(　　)

A. 正确　　　　B. 错误

3. 启发式搜索一定比盲目式搜索好。(　　)

A. 正确　　　　B. 错误

4. 人工智能的发展能不断地帮助人类，但它同时也是一把“双刃剑”。(　　)

A. 正确　　　　B. 错误

5. 班组信息化平台的建设可以实现企业由下至上的培训计划、培训月报表等的制订和上报，以及由上至下的培训报表的审批和培训计划的下达。在培训月报表的填写过程中，系统可以自动为培训成员生成个人资历、培训登记表等相关信息，有效减少重复性的输入工作。(　　)

A. 正确　　　　B. 错误

6. 随着高端定制化的市场需求发展，企业制造逐渐规模化，从传统的单一的品种大批量到现在的多品种小批量，生命周期变得越来越长，设计变得越来越复杂，同时完整的质量管理体系需求越来越突出，催生了对软件的更多功能性需求。(　　)

A. 正确　　　　B. 错误

7. 数字化工厂里的 MES 主要考虑计划与排产问题。(　　)

A. 正确　　　　B. 错误

8. 被誉为“工业机器人之父”的约瑟夫·英格伯格最早提出了工业机器人概念。(　　)

A. 正确　　　　B. 错误

9. 信息组织最本质的依据是事物的属性，事物的多种属性又可归纳为形式、内容和效用三种类型。(　　)

A. 正确　　　　B. 错误

10. 班组长应把组织员工学习创造作为班组创新建设的重要内容，通过建立攻关团队、创新小组等形式，增强员工创新意识，提高创新能力。(　　)

A. 正确　　　　B. 错误

11. 机器人的自由度是根据用途而设计的。(　　)

A. 正确　　　　B. 错误

12. 数字化时代的领导者还需要聚焦另外两个新定位：一是成为持续变革的领导者；二是成为面向未来的领导者。(　　)

A. 正确　　　　B. 错误

13. 基于图像特征的人脸识别技术和基于声纹的语音识别技术均属于典型的生物特征识别技术。(　　)

A. 正确　　　　B. 错误

14. 信息系统运行过程的人员大致可以分为两类：终端用户和系

统维护管理人员。( )

A. 正确 B. 错误

15. 仿真工具是指通过仿真实验，借助某些数值计算和问题求解，反映系统行为或过程的仿真模型技术，包含仿真软件与仿真硬件。( )

A. 正确 B. 错误

16. 智能制造不是固定的，不是一劳永逸的，而是像数据一样不断变化的。( )

A. 正确 B. 错误

17. 通过数字孪生不能实现基于仿真的电机选型、PLC 代码测试、离线和在线仿真等，提前消除设备设计中存在的一些问题。( )

A. 正确 B. 错误

18. 海伯伦定理可以在计算机上实现其证明过程。( )

A. 正确 B. 错误

19. 云计算是一种无处不在、便捷且按需对一个共享的可配置计算资源进行网络访问的模式。它能够通过最少的管理及与服务提供者的互动实现计算资源的迅速供给与释放。( )

A. 正确 B. 错误

20. 创新型 QC 小组的标准化活动就是把 QC 小组的成果纳入技术或管理标准。( )

A. 正确　　　　　　　　B. 错误

21. 制造业是指将制造资源，按照市场要求，通过制造过程，转化为可供人们使用和利用的大型工具、工业品与生活消费产品的行业，这里的制造资源是指物料、能源、设备、工具、资金、人力、信息和服务等。(　　)

A. 正确　　　　　　　　B. 错误

22. 信息检索服务的基本任务是根据用户的需求提供一切信息，最大限度地满足用户的需求。(　　)

A. 正确　　　　　　　　B. 错误

23. 时间成本通常包括用户的搜寻成本、等待成本和利用成本。(　　)

A. 正确　　　　　　　　B. 错误

24. 人工智能在实际应用中没有局限性。(　　)

A. 正确　　　　　　　　B. 错误

25. 机器语言的特点是有丰富的修辞手段。(　　)

A. 正确　　　　　　　　B. 错误

26. 数字技术带来的万物互联世界的新格局，也加深了组织外部因素对组织有效性的强化效应的趋势。(　　)

A. 正确　　　　　　　　B. 错误

27. 实践能力是创新能力的核心。(　　)

A. 正确　　　　　　　　B. 错误

28. 国际电联提出的物联网关键应用技术有智能技术、纳米技术、射频识别技术和传感器。（ ）

A. 正确　　B. 错误

29. 语义网络系统由两部分组成：语义网络组成的知识库和用于求解问题的解释程序即推理机。（ ）

A. 正确　　B. 错误

30. 在创新活动中，最好采取正面激励，如通过奖励、表扬等方法激励员工。（ ）

A. 正确　　B. 错误

31. 有效配置信息资源不利于最大范围内实现资源共享。（ ）

A. 正确　　B. 错误

32. 设计阶段的实际投入通常只占产品全生命周期成本的 5% 左右，但是它却决定了产品全生命周期成本的 70%～80%。（ ）

A. 正确　　B. 错误

33. 计算机视觉（Computer Vision）是指利用摄像机和电脑代替人眼，使得计算机拥有类似于人类的那种对目标进行分割、分类、识别、跟踪、判别决策的功能。（ ）

A. 正确　　B. 错误

34. 多媒体信息体现了人类最朴实的信息交流需求。（ ）

A. 正确　　B. 错误

35. 信息是事物运行的状态和方式。（ ）

A. 正确　　　　　　　　B. 错误

36. 数字化主线是指利用先进建模和仿真工具构建的，覆盖产品全生命周期与全价值链，从基础材料、设计、工艺、制造到使用维护全部环节，集成并驱动以统一的模型为核心的产品设计、制造和保障的数字化数据流。(　　)

A. 正确　　　　　　　　B. 错误

37. 通过人工智能的应用，企业可以实现差异化竞争，提高市场份额和竞争优势。(　　)

A. 正确　　　　　　　　B. 错误

38. 按连接距离分类，网络可分为局域网、城域网和广域网。(　　)

A. 正确　　　　　　　　B. 错误

39. 信息是指可以用来降低某些事件或者状态的不确定性的有形的或者无形的实体。(　　)

A. 正确　　　　　　　　B. 错误

40. 产品数据管理系统是指基于分布式网络、主从结构、图形化用户接口和数据库件管理技术发展起来的一种软件框架或数据平台。(　　)

A. 正确　　　　　　　　B. 错误

41. 知识管理的三要素是组织、人和信息技术。(　　)

A. 正确　　　　　　　　B. 错误

42. 新知识或新创意的创造或引入是创新的充分条件。(　　)

A. 正确　　　　　　　　B. 错误

43. 数字化时代，领导者必须有面向未来的能力，成为引领组织面向未来的卓越领导者。(　　)

A. 正确　　　　　　　　B. 错误

44. 当前物联网的引入和制造业服务化的深化，迎来了以智能制造为主导的第四次工业革命，即“工业 4.0”。(　　)

A. 正确　　　　　　　　B. 错误

45. 现场总线是应用在生产现场，进行开放式、数字化、多点通信的底层控制网络。(　　)

A. 正确　　　　　　　　B. 错误

46. 工业物联网网关可以支持工业总线的接入，如 RS485、M-BUS。(　　)

A. 正确　　　　　　　　B. 错误

47. 目前，人工智能技术主要被用于企业内部的决策和优化。(　　)

A. 正确　　　　　　　　B. 错误

48. 信息技术的进步和发展是信息产业形成和发展的推动力。(　　)

A. 正确　　　　　　　　B. 错误

49. 信息管理通常是指对人类社会活动产生的信息的管理，其管理对象应是信息和信息活动，信息活动一般包括信息的收集、

传输、加工和利用等。因此，信息管理就是对信息和信息活动的管理。(　)

A. 正确　　B. 错误

50. 企业信息化实质上是将企业的生产过程、物料移动、事务处理、现金流动、客户交互等业务过程数字化，通过各种信息系统网络加工生成新的信息资源，提供给各层次的人们洞悉、观察各类动态业务中的一切信息，以作出有利于生产要素组合优化的决策，使企业资源合理配置，以使企业适应瞬息万变的市场经济竞争环境，求得最大的经济效益。(　)

A. 正确　　B. 错误

51. 创新过程首先起始于人的创新意识，即创造性思维。人们在社会实践活动中，通过对客观事物的认识，不断产生不满足感和创新的欲望，并通过创造性思维活动产生有别于现状的设想，然后将设想付诸实施，从而完成创新过程。(　)

A. 正确　　B. 错误

52. 可编程逻辑控制器（PLC）是一种专门为在工业环境下应用而设计的数字运算操作电子系统。(　)

A. 正确　　B. 错误

53. 信息系统安全性的目标是：控制资产流失，保证数据的完整性和可靠性，提高信息系统应用效率。(　)

A. 正确　　B. 错误

54. 语义网络、框架等知识表示方法，均是对知识和事实的一种静止的表示方法。（　）

A. 正确　　B. 错误

55. 逆向思维法就是从相反的、对立的、颠倒的角度去思考问题。（　）

A. 正确　　B. 错误

56. 人工智能的长期研究目标是使现有的电子计算机更聪明、更有用，使它不仅能做一般的数值计算及非数值信息的数据处理，而且能运用知识处理问题，能模拟人类的部分智能行为。（　）

A. 正确　　B. 错误

57. 人工智能的基本原理是模仿人类的智能行为和思维过程，通过大量数据的输入，让计算机系统能够自主学习和改进自己的表现。（　）

A. 正确　　B. 错误

58. 数据处理系统是信息系统的早期表现形式。（　）

A. 正确　　B. 错误

59. 列举类创新技法在创意生成的多种措施中属于较为直接的措施，它按照所列举对象的不同可以分为特性列举法、缺陷列举法、希望点列举法和列举配对法。（　）

A. 正确　　B. 错误

60. 很多班组有创新的想法、创新的人才，但无法推动创新活动，其主要原因是缺少创新的环境。(　)

A. 正确　　　　B. 错误

61. 20 世纪 30 年代和 40 年代，数理逻辑和关于计算本质的新思想对人工智能的形成产生了重要影响。(　)

A. 正确　　　　B. 错误

62. 要对班组的物料进行管理，先要进行分类，同时也要对物料进行编码，建立一个身份号码，这给企业深入地进行网络化建设和信息化建设提供了保证。(　)

A. 正确　　　　B. 错误

63. 传统程序无学习能力，通过规则 + 数据 = 答案，正确率没有变化。(　)

A. 正确　　　　B. 错误

64. 信息化工作是一个系统化工程，涉及企业文化，管理模式，组织，业务管理，设计生产流程和外部的政府、机构、供应商、客户等多个环节和多方面因素。(　)

A. 正确　　　　B. 错误

65. 理解知识，需要区分三个核心概念：数据、信息、知识。(　)

A. 正确　　　　B. 错误

66. 班组创新管理是指班组成员全员参与，不断发现问题，用新

技术、新方法解决问题，创造新价值的过程。班组创新活动中，最关键的要素是班组员工。(　)

A. 正确　　B. 错误

67. 语音识别指的是将音频数据识别为文本数据。(　)

A. 正确　　B. 错误

68. 创新是一种无目的性的管理实践。(　)

A. 正确　　B. 错误

69. 生产执行系统（MES）能够帮助企业实现生产计划管理、生产过程控制、产品质量管理、车间库存管理、项目看板管理等，提高企业制造执行能力。(　)

A. 正确　　B. 错误

70. 头脑风暴法适合解决单一明确的问题，不适合处理复杂、面广的问题。(　)

A. 正确　　B. 错误

71. 发散思维作为激发思维潜能的重要措施，主要有转化发散、多向发散、综合发散等几种类型。(　)

A. 正确　　B. 错误

72. 大数据的思维会把原来销售的概念变成服务的概念。(　)

A. 正确　　B. 错误

73. 科学地理解创新的基本含义需要注意三大要素：一是必须是以往没有过的；二是必须快；三是必须科学、有效。(　)

A. 正确　　　　　　　　B. 错误

74. 数字化是利用人工智能、移动技术、通信技术、社交、物联网、大数据、云计算等，在虚拟世界中重现现实世界。(　)

A. 正确　　　　　　　　B. 错误

75. 面对数字化生存环境，领导者必须打破思维惯性、打破旧的习惯、破除利益结构、破除组织刚性，作出自我超越的变革选择。(　)

A. 正确　　　　　　　　B. 错误

76. 通俗地说，产业数字化就是数字和传统产业的结合，应用互联网等技术对传统产业进行连接、重构。(　)

A. 正确　　　　　　　　B. 错误

77. 代码组织法突出的优点是简便易用。(　)

A. 正确　　　　　　　　B. 错误

78. 数字化是指企业价值链的数字化。(　)

A. 正确　　　　　　　　B. 错误

79. 综合能力的实质是通过合理调配系统内的各种要素，发挥系统的整体功能，以实现目标。(　)

A. 正确　　　　　　　　B. 错误

80. 中国要强盛、要复兴，就一定要大力发展科学技术，努力成为世界重要科学中心和创新高地。自力更生是中华民族自立于世界民族之林的奋斗基点，自主创新是我们攀登世界科技

高峰的必由之路。(　)

A. 正确　　B. 错误

81. 信息经济在人类社会信息化过程中起主导作用。(　)

A. 正确　　B. 错误

82. 发散思维训练，就是要以一种问题为中心，让人的思维向四面八方扩散，形成思维辐射状态，谋求“一题多解”“一事多写”“一物多用”的答案。(　)

A. 正确　　B. 错误

83. 杀毒软件是通过执行一系列针对 HTTP/HTTPS 的安全策略来专门为 Web 应用提供保护的产品。(　)

A. 正确　　B. 错误

84. 自动化立体仓库是智慧仓储的技术之一，也属于智慧仓储的一种类型。智慧仓储系统组成部分里面一定包含有自动化立体仓库。(　)

A. 正确　　B. 错误

85. 机器人经常使用的程序可以设置为主程序，每台机器人可以设置 1 个主程序。(　)

A. 正确　　B. 错误

86. 在产品整个生命周期内，各环节的模型都还不能实现及时地进行关键数据的双向同步和沟通。(　)

A. 正确　　B. 错误

87. 机器人工作站是指使用一个或多个机器人，配以相应的周边设备，用于完成某一特定工序作业的独立生产系统，也叫机器人工作单元。(　　)

A. 正确　　　　　　　　B. 错误

88. 制度创新的方向是不断调整和优化企业所有者、经营者、劳动者三者之间的关系，使各个方面的权利和利益得到充分体现，使组织的各种成员的作用得到充分发挥。(　　)

A. 正确　　　　　　　　B. 错误

89. 创新活动是新的尝试，面临很多风险和不确定性，如果强调创新必须成功，则无人敢承担创新失败的责任，创新活动就会举步维艰。(　　)

A. 正确　　　　　　　　B. 错误

90. 信息素养是信息化能力的一种重要表现形式。(　　)

A. 正确　　　　　　　　B. 错误

91. 安全风险评估是依据安全技术和管理标准，评估信息资产面临的威胁以及威胁利用脆弱性导致安全事件发生的可能性，并结合安全事件所涉及的资产价值来判断安全事件一旦发生对组织造成的影响，从而评估出安全风险的高、中、低程度。(　　)

A. 正确　　　　　　　　B. 错误

92. 在班组实际工作中，设计新的设备工装属于创意，如果将这些新的想法落实到具体实践，并产生了实际的效果，那就变

成了创新。(　　)

A. 正确　　　　B. 错误

93. 知识工程属于人工智能科学的范畴。(　　)

A. 正确　　　　B. 错误

94. 网络信息中，多媒体信息克服了信息交流长期以来依赖单一的文本形式的缺陷。(　　)

A. 正确　　　　B. 错误

95. 数据服务器负责操作域的历史报警记录、操作历史记录、操作域变量实时数据服务、SOE 服务等。(　　)

A. 正确　　　　B. 错误

96. 在一个富有生机与活力的国家创新体系下，企业是技术创新的主体。(　　)

A. 正确　　　　B. 错误

97. 演绎措施的逻辑是观测现实、寻找模式进而获得结论。(　　)

A. 正确　　　　B. 错误

98. 班组创新活动是否有效，需要将最后的结果与设定的目标相比较，以评价新方法是否有效。(　　)

A. 正确　　　　B. 错误

99. 信息系统物理结构的基础部分包括组织制度、信息存储、硬件系统、软件系统。(　　)

A. 正确　　　　B. 错误

100. 人工智能的一个重要分支是 Pattern Recognition，中文名称是模式识别，它主要研究视觉和听觉的识别。(　　)

A. 正确　　　　B. 错误

101. 工业时代的企业组织理论认为，当组织规模扩大到一定程度，必须通过增加管理层级来保障信息的传递和个人的权威，所以这个时代的组织等级结构形成的根本原因是便于有效管理。(　　)

A. 正确　　　　B. 错误

102. 制造运营管理（MOM）系统包含管理行为，并涵盖有关调度、产能、产品定义、历史信息、生产装置信息，以及相关的资源状况信息的活动。(　　)

A. 正确　　　　B. 错误

103. 工业物联网具有普通对象设备化、自治终端互联化和普适服务智能化三个重要特征。(　　)

A. 正确　　　　B. 错误

104. 工业 4.0（第四次工业革命）概念最早出现在德国。(　　)

A. 正确　　　　B. 错误

105. 生产信息化管理系统管理了生产批次、生产工单、生产数据收集、生产成本核算。(　　)

A. 正确　　　　B. 错误

106. 充分发挥大脑功能的措施是：①信息刺激，勤于用脑；②协

同开发，全面塑脑；③劳逸结合，科学护脑；④营养健身，合理补脑。(　　)

A. 正确　　B. 错误

107. 班组创新的主要方式，根据自主程度划分为渐进式创新、突变式创新、开拓性创新。(　　)

A. 正确　　B. 错误

108. 信息人员培训是指对终端用户的培训。(　　)

A. 正确　　B. 错误

109. 创新的品质、等级和成败主要取决于不同类型的创新人才的能力发挥以及相互之间的合作。(　　)

A. 正确　　B. 错误

110. 对于专业技术人员来说，要学会运用科学思维的措施。科学思维的措施有分析与综合、比较与分类、抽象和概括、系统化和具体化以及归纳和演绎。(　　)

A. 正确　　B. 错误

111. 数字化生存意味着价值重构，意味着企业与顾客之间、与合作伙伴之间共生出新的价值。(　　)

A. 正确　　B. 错误

112. 系统的总体布局是指系统的硬件、软件资源以及数据资源在空间上的分布特征。(　　)

A. 正确　　B. 错误

113. 防病毒网关是用以保护网络（一般是局域网）内进出数据的安全。通过网络数据包的分析过滤提供病毒杀除、关键字过滤（如色情、反动）、垃圾邮件阻止的功能。（ ）

A. 正确 B. 错误

114. 网络安全是指通过采取必要措施，防范对网络的攻击、侵入、干扰、破坏和非法使用以及意外事故，使网络处于稳定可靠运行的状态，和保障网络数据的完整性、保密性、可用性的能力。（ ）

A. 正确 B. 错误

115. 射频识别（RFID）技术是物联网的灵魂。（ ）

A. 正确 B. 错误

116. 超密集网络能够改善网络覆盖情况，大幅提升系统容量，并且对业务进行分流，具有更灵活的网络部署与更高效的频率复用。（ ）

A. 正确 B. 错误

117. 班组技术创新建设要加强新理论、新技术、新材料、新工艺的吸取和应用，依照需要成立攻关团队、专业技术协会，开展 QC、技术攻关和“五小”活动，解决生产技术难题。（ ）

A. 正确 B. 错误

118. 如何将改进与班组员工切身发展、利益相挂钩，让班组员工

能参与创新，是影响创新的关键因素。(  )

A. 正确　　B. 错误

119. 网络化不仅增添了信息资源共享的形式和内容，而且对信息资源配置提出了新的挑战和要求。(  )

A. 正确　　B. 错误

120. 卓越领导者身上有两个共性，包括专注人的成长和调整坐标指向未来。(  )

A. 正确　　B. 错误

121. 企业科技创新能力的重要标志是产业标准的制定能力。(  )

A. 正确　　B. 错误

122. 实施创新计划，在计划实施的过程中，会遇到各种阻力。在这种情况下，需要考虑的问题是如何推进创新活动落地。(  )

A. 正确　　B. 错误

123. 创新思维的具体方式有许多种，较常用的有发散思维、立体思维、逆向思维、质疑思维与灵感思维。(  )

A. 正确　　B. 错误

124. 班组创新的主要方式，根据变革的幅度来划分，分为跟随式创新和自主式创新。(  )

A. 正确　　B. 错误

125. 大数据技术是处理大数据的技术。(  )

A. 正确　　　　B. 错误

126. “进给保持”的意思是按给定的进给速度保持进给运动。(　)

A. 正确　　　　B. 错误

127. 信息基础设施是信息技术能力的必要条件。(　)

A. 正确　　　　B. 错误

128. 智慧仓储能够有效利用仓储信息，提高仓储任务分配和执行的效率，优化仓储作业的流程，节约人力和物力，为管理者提供主要决策依据。(　)

A. 正确　　　　B. 错误

129. 企业通过 3D 数字化虚拟现实技术，对智慧工厂进行更加直观与真实的展示。(　)

A. 正确　　　　B. 错误

130. 物联网是一个基于互联网、传统电信网等的信息承载体，它让所有能够被独立寻址的普通物理对象形成互联互通的网络。(　)

A. 正确　　　　B. 错误

131. 班组信息化管理呈现先进性、多元性、集成性、开放性四大特点。(　)

A. 正确　　　　B. 错误

132. 工业物联网是指互联的传感器、仪器和设备与计算机工业

应用软件系统一起组成的网络，用于制造流程的自动化和效率提升，以及制造装备、能源和资产的有效管理及成本降低。(　)

A. 正确　　B. 错误

133. 工业 4.0 的核心是智能制造。(　)

A. 正确　　B. 错误

134. 影响信息资源有效配置的因素有市场竞争和价格体系、管理体制、信息资源使用者情况、技术和资源条件、效率和公平。(　)

A. 正确　　B. 错误

135. 压力传感器广泛应用于工业自控环境，如水利水电、铁路交通、船舶、机床等。(　)

A. 正确　　B. 错误

136. 沙箱是为执行中的程序提供隔离环境的一种安全机制，它通过严格控制执行的程序所访问的资源，确保系统的安全。(　)

A. 正确　　B. 错误

137. 中国的未来取决于创新思想和日益提升的知识产权创造力。(　)

A. 正确　　B. 错误

138. 计算机视觉系统，主要解决的是物体识别、物体形状和方位

确认以及物体运动判断这三个问题，让机器代替人眼处理问题。(　)

A. 正确　　B. 错误

139. 软件生命周期管理指从需求分析开始，历经项目规划、项目实施、配置管理、测试管理等阶段，直至最终被交付或发布的全过程管理。(　)

A. 正确　　B. 错误

140. 人工智能系统在处理数据时不会存在偏差或偏见，是完全公正客观的。(　)

A. 正确　　B. 错误

141. 创新能力是指人们在原有知识经验的基础上，突破自身的局限和时空限制，正确认识并掌握客观规律，创造新事物的心理品质与行为能力。(　)

A. 正确　　B. 错误

142. 头脑风暴法是采用会议的形式，引导参加会议的每个人围绕某中心议题，广开言路、激发灵感，在自己的头脑中掀起思想风暴的一种集体创造的方法。(　)

A. 正确　　B. 错误

143. 数值检索是传统文献检索的延续。(　)

A. 正确　　B. 错误

144. 深度学习就是一种绿色人工智能。(　)

A. 正确　　　　B. 错误

145. 创造发明将催生新的社会价值与伦理。(　　)

A. 正确　　　　B. 错误

146. 小微企业使用公有云可以省下基础设施投资。(　　)

A. 正确　　　　B. 错误

147. 创造性意味着“把创意转变为现实、实现商业化”。(　　)

A. 正确　　　　B. 错误

148. 5G 技术可提供范围广、时延低、错误率低的控制技术，使远距离操作设备成为可能。(　　)

A. 正确　　　　B. 错误

149. 企业资源计划（ERP）系统、高级计划排程（APS）系统和生产执行系统（MES）之间既有区别又有联系。(　　)

A. 正确　　　　B. 错误

150. 在班组实际工作中，设计新的设备工装属于创新，即使没有落实到实践，也是一种创新。(　　)

A. 正确　　　　B. 错误

151. 机器学习就是让计算机模拟人的学习行为，或者说让计算机也具有学习的能力。(　　)

A. 正确　　　　B. 错误

152. 由此及彼、举一反三、触类旁通指的是联想思维。(　　)

A. 正确　　　　B. 错误

153. 团队管理塑造的是创新团队的硬实力，创新文化塑造的是创新团队的软实力。(　　)

A. 正确　　B. 错误

154. 在班组创新活动中，最关键的要素是班组长。(　　)

A. 正确　　B. 错误

155. 在过程控制方面，生产执行系统（MES）管理生产订单的整个生产流程，通过对生产过程的所有突发事件实时监控，自动纠正生产过程中的错误，提供决策支持，以实现生产调度要求。(　　)

A. 正确　　B. 错误

156. 数字孪生将成为支撑社会治理和产业数字化转型的发展范式。(　　)

A. 正确　　B. 错误

157. 人工智能研究的先驱者认为人的智能主要表现在人能学习知识和运用知识上，知识是智能的基础。(　　)

A. 正确　　B. 错误

158. 企业资源管理系统是指建立在信息技术基础上，以系统化的管理思想，为企业决策层及员工提供决策运行手段的管理平台。(　　)

A. 正确　　B. 错误

159. 数据库指的是一个面向主题的、集成的、相对稳定的、反

映历史变化的数据集合，用于支持企业或组织的决策分析处理。(　)

A. 正确　　　　B. 错误

160. PLC（可编程逻辑控制器）采用的是循环扫描工作方式，集中采样和集中输出，避免了触点竞争，大大提高了 PLC 的可靠性。(　)

A. 正确　　　　B. 错误

161. 人工智能可以提高数据的可信度和安全性，实现更加安全和高效的商业交易。(　)

A. 正确　　　　B. 错误

162. 数字化车间与其他系统集成后，从生产计划到产品设计与供应，完整的数据将为生产质量提供最为核心的数字化管控，从而实现事前防错、事后追溯，最终有效控制产品质量。(　)

A. 正确　　　　B. 错误

163. 大数据正快速发展，对数量巨大、来源分散、格式多样的数据进行采集、存储和关联分析，从中发现新知识、创造新价值、提升新能力的新一代信息技术和服务业态正在兴起。(　)

A. 正确　　　　B. 错误

164. 随着数字技术的深入发展、变化的速度加快，制定适应变化

的战略并高效实现战略显得更为重要。（ ）

A. 正确 B. 错误

165. 计量是实现单位统一、量值准确可靠的检测计算及创新活动。（ ）

A. 正确 B. 错误

166. 工业以太网要求高，网络中断时间不得超过 500 毫秒。（ ）

A. 正确 B. 错误

167. 产品研发的数字化转型，远景就是要形成设计、构建、运行、反馈的闭环，其可以划分为三个层面的变革，分别为总体设计层、开发运营层和项目管理层。（ ）

A. 正确 B. 错误

168. 基于人工智能的网络安全防护手段相比传统基于静态规则的方法具有持续进化能力。（ ）

A. 正确 B. 错误

169. 人工智能标准体系结构包括基础共性、支撑技术与产品、基础软硬件平台、关键领域技术、产品与服务、行业应用、安全 / 伦理等七个部分。（ ）

A. 正确 B. 错误

170. 处理过程设计的关键是用一种合适的表达方式来描述每个模块内部的执行过程。（ ）

A. 正确 B. 错误

171. 工业物联网是指将互连传感器、仪器及其他设备联网应用的计算机工业应用（包括制造和能源管理）；人工智能物联网是指借助 AI 技术扩展物联网设备和基础设施的功能。两者是有区别的。(　　)

A. 正确　　B. 错误

172. 工业互联网是全球工业系统与高级计算、分析、感应技术以及互联网连接融合的一种结果。(　　)

A. 正确　　B. 错误

173. 常用的信息展示的方法主要有文字报道和口头报道两种。(　　)

A. 正确　　B. 错误

174. 自动化立体仓库又称高层货架仓库、自动存储系统，是现代生产企业中必不可少的组成部分。(　　)

A. 正确　　B. 错误

175. 网络协议是通信双方事先约定的通信的语义和语法规则的集合。(　　)

A. 正确　　B. 错误

176. 与常规定式思维相比，发散思维具有多向性、灵活性、变通性、独特性和多感官性等重要特点。(　　)

A. 正确　　B. 错误

177. 基于人工智能技术的数据深度伪造将威胁网络安全、社会安

全和国家安全。(　)

A. 正确　　B. 错误

178. 信息化是一个系统的动态过程，需要遵循定性和定量相结合的原则。(　)

A. 正确　　B. 错误

179. 信息检索是解决信息饥饿和信息相对过剩的最有效手段。(　)

A. 正确　　B. 错误

180. 创新活动需要围绕价值展开，不能只是为了创新而创新，一味地追求标新立异。这样的创新，对于企业而言，产生不了实际价值，是无意义的创新。(　)

A. 正确　　B. 错误

181. 信息职业是指那些从事信息生产、分配、传递、交换、使用以及其他信息劳动的职业。(　)

A. 正确　　B. 错误

182. 信息技术渗透信息产业，推动信息产业的发展变化，信息产业反过来作用于信息技术，促使信息技术不断发展和完善。(　)

A. 正确　　B. 错误

183. 我国《专利法》规定，发明专利权的有效期为 10 年。(　)

A. 正确　　B. 错误

184. 班组长应把现场管理作为班组创新建设的重要内容，通过建立现场环境等级制度制定班组考评等级。(　)

A. 正确　　B. 错误

185. 在制造业领域，人工智能可以实现智能制造和自动化生产，提高生产效率和质量。(　)

A. 正确　　B. 错误

186. 在数字化生存环境中，领导者要聚焦于确定组织的正确方向，关注组织的未来，引导和影响组织成员推动组织变革，探索新的可能性。(　)

A. 正确　　B. 错误

187. 信息管理具有两方面的特性，一方面是技术特征，另一方面是管理理念特征。这两个特征共同构成了信息管理的内涵与特色。(　)

A. 正确　　B. 错误

188. 工业物联网不必担忧和面对网络攻击的风险。(　)

A. 正确　　B. 错误

189. GPT 式的生成式大模型将成为人类历史上重要的生产力工具。(　)

A. 正确　　B. 错误

190. 在 ERP 系统中，入库单不需要审核。(　)

A. 正确　　B. 错误

191. 在信息时代，班组建设从单一型、粗放型逐步向技术型、自主型、规范型、精细型、科学型、学习型转变。(　)

A. 正确　　B. 错误

192. 人工智能在医疗领域的应用主要是进行疾病诊断和治疗。(　)

A. 正确　　B. 错误

193. NLP 是指自然语言处理。(　)

A. 正确　　B. 错误

194. 信息检索技术主要包括手工检索技术、机械检索技术、计算机检索技术和网络检索技术。(　)

A. 正确　　B. 错误

195. 常见的创新方法有头脑风暴法、设问创新法和四则运算法。(　)

A. 正确　　B. 错误

196. 信息系统结构既可以是逻辑结构，也可以是物理结构。(　)

A. 正确　　B. 错误

197. 物联网是指通过信息传感设备，按照约定的协议将物品与互联网络连接，进行信息交换和通信，以实现智能化识别、定位、跟踪、监控和管理等功能的一种网络。(　)

A. 正确　　B. 错误

198. 班组良好的技术创新体系需要良好的制度设计、班组文化和

人文环境，需要正确的绩效评价与激励机制。(　)

A. 正确　　B. 错误

199. 人工智能被广泛应用于各个领域，如销售和市场营销、供应链和物流管理、客户服务和体验以及企业管理和决策等。(　)

A. 正确　　B. 错误

200. 工业时序数据的典型特点主要为产生频率快、数据量大和数据由时间驱动产生。(　)

A. 正确　　B. 错误

201. 智慧仓储是一种仓储管理理念，是通过信息化、物联网和机电一体化共同实现的智慧物流仓储新业态。(　)

A. 正确　　B. 错误

202. 人工智能主要分为计算智能、感知智能、认知智能。计算智能，即机器具有“能存会算”的能力；感知智能，即机器具有“能听会说、能看会认”的能力；认知智能，即机器具有“能理解、会思考”的能力。(　)

A. 正确　　B. 错误

203. 神经网络工作过程主要由学习期和工作期两个阶段组成。(　)

A. 正确　　B. 错误

204. 班组应充分运用信息化手段推行班组成本核算，构建班组成

本核算模块，规范班组成本操作流程，可以利用 ERP 等管理系统强化班组成本信息归集、传递、运用等功能。(　)

A. 正确　　B. 错误

205. 计算机病毒在计算机程序中插入的破坏计算机功能或者数据的代码，能影响计算机使用，能自我复制一组计算机指令或者程序代码。(　)

A. 正确　　B. 错误

206. 从竞争逻辑转向共生逻辑，是战略底层逻辑的转变。(　)

A. 正确　　B. 错误

207. 管理创新即创造一种新的更有效的资源整合范式，既可以是全过程管理，也可以是目标细节管理，是创新理念及创新行为在企业管理层次上的延伸。(　)

A. 正确　　B. 错误

208. 由机器学习算法构成的模型，在理论层面上，它并不能表征真正的数据分布函数，只是逼近它而已。(　)

A. 正确　　B. 错误

209. 2016 年 11 月 7 日，第十二届全国人民代表大会常务委员会第二十四次会议通过《网络安全法》，于 2017 年 6 月 1 日正式实施。《网络安全法》是落实党中央决策部署的重要举措，维护网络空间国家主权，深化网络安全等级保护制度，保护国家关键信息基础设施和个人信息安全。(　)

A. 正确　　　　B. 错误

210. 数字化通过整合线上线下渠道，统一的线索管理能力，增加客户引流能力，实现精准营销，通过建设多元化触点，实现线上线下全流程无缝的用户体验。(　　)

A. 正确　　　　B. 错误

211. 现阶段的人工智能仍处于弱人工智能阶段。(　　)

A. 正确　　　　B. 错误

212. 专家系统是一个含有大量的某个领域专家水平的知识与经验的智能计算机程序系统，能够利用人类专家的知识和解决问题的方法来处理该领域问题。简而言之，专家系统是一种模拟人类专家解决领域问题的计算机程序系统。(　　)

A. 正确　　　　B. 错误

213. 工控核心产品、工业机器人、智能机床等制造业是工业互联网在硬件环节的核心支撑。(　　)

A. 正确　　　　B. 错误

214. 挂在现场级网络上的设备可以由网络供电（总线供电），也可单独供电。(　　)

A. 正确　　　　B. 错误

215. 由数字化生产设备、综合网络、数据综合管理系统等建立的现场执行系统是数字化车间的基础，主要强调的是设备管理、现场数据采集和现场监控等工作任务的完成。(　　)

A. 正确　　　　　　　　B. 错误

216. 人工智能的目的是让机器能够完全代替人的大脑，以实现某些脑力劳动的机械化。(　)

A. 正确　　　　　　　　B. 错误

217. 班组机制创新建设要完善合理化建议的征集受理、论证实施、评估激励制度，形成合理化建议常态机制，激发职工创造潜能。(　)

A. 正确　　　　　　　　B. 错误

218. 推动人工智能的应用和发展方面，创新是关键。(　)

A. 正确　　　　　　　　B. 错误

219. 要实现对物理孪生的全息数字化映射，就需要从微观世界的材料特性到宏观世界的运行特性进行精确刻画。(　)

A. 正确　　　　　　　　B. 错误

220. 组织要实现从分工到共生协同的转变，运用数字技术是基本要求。(　)

A. 正确　　　　　　　　B. 错误

221. 1956 年被认为是人工智能元年。(　)

A. 正确　　　　　　　　B. 错误

222. 无线传感器网络中，单一节点崩溃时，剩余节点将自动重新组成新的网络拓扑。因此，为使无线传感器网络实现长时间工作，需主要考虑整个网络的鲁棒性。(　)

A. 正确　　　　B. 错误

223. 人机界面（Human Machine Interface）又称人机接口，简称为 HMI。(　)

A. 正确　　　　B. 错误

224. 根据信息用户的类型，可以将信息需求分为个人信息需求和组织信息需求。(　)

A. 正确　　　　B. 错误

225. 决策机制在信息产业运行机制中处于主要地位，不仅是其他机制的基础，而且贯穿其他机制运行的始终。(　)

A. 正确　　　　B. 错误

226. 根据火车“轮子多、身子长”的特点，一位同学发明了一种“英语四线笔”。用这支笔可以一次性画出四条平行直线当作英语书写的四线格。这是横向思维在生活中的运用。(　)

A. 正确　　　　B. 错误

227. 人工智能是研究、开发用于模拟、延伸和扩展人的智能的理论、方法、技术及应用系统的一门新的技术科学。该领域的研究包括机器人、语言识别、图像识别、自然语言处理和专家系统等。(　)

A. 正确　　　　B. 错误

228. 科技巨头对人工智能的定位不仅是新技术，更是基础设施，为了铺设基础设施，科技巨头主要通过自主研发、收购两种

方式布局。(　)

A. 正确　　B. 错误

229. 数字孪生是实现物理空间在赛博空间交互映射的通用使能技术。(　)

A. 正确　　B. 错误

230. 大数据是指体量特别大、数据类别特别多，无法在一定时间内用常规技术或者软件对其内容进行抓取及处理的数据集。(　)

A. 正确　　B. 错误

231. 在制订创新计划（持续改善计划）时，需要注意以下要点：编制计划时，需要注意围绕目标来制订计划，所有的工作都是为了达成目标。(　)

A. 正确　　B. 错误

232. 从量度的角度来说，信息数量呈现绝对增长的势头，并成为信息组织的重要对象。(　)

A. 正确　　B. 错误

233. 知识创新的措施与创新思维的措施也是一致的。而发散思维法、迂回思维法、移植思维法、逆向思维法等创新思维法也是知识创新过程中不可缺少的措施。(　)

A. 正确　　B. 错误

234. 在搭建智慧工厂的过程中，应推进人机协作生产模式。(　)

A. 正确　　B. 错误

235. 人工智能可以通过数据分析和模型预测，提供决策支持和业务洞察，帮助高管制定战略规划和业绩评估。(　)

A. 正确　　B. 错误

236. 人工智能发展历程的第一次热潮是 20 世纪 50 年代神经网络相关基础理论的提出。(　)

A. 正确　　B. 错误

237. 生产控制系统是数字化车间的核心，强调生产计划的控制与执行，主要负责车间的人员调配、生产调度、质量控制、工艺反馈及改进、定额计算、产量控制等车间生产管理与执行控制任务。(　)

A. 正确　　B. 错误

238. 创新管理以构建和提高核心能力为中心，以价值创造和增加为目标，以战略为导向，以技术创新为核心，以组织的各种创新（战略创新、组织创新、市场创新、管理创新、文化创新、制度创新等）的有机组合与协同创新为手段，凭借有效的创新管理机制和方法，做到人人创新、事事创新、时时创新、处处创新。(　)

A. 正确　　B. 错误

239. 在创新活动中，重要的是行动，在行动过程中，发现具体的实际情况，不断地探索新的信息，找到解决问题的

方法。(　)

A. 正确　　B. 错误

240. 信息系统文档是人员培训的主要文字材料。(　)

A. 正确　　B. 错误

241. 管理者要让员工相信共生协调会产生价值，就要构建有效的价值网络，向其他成员分享信息，提供信息共享平台。(　)

A. 正确　　B. 错误

242. 班组进行信息化建设应有比较完善的信息管理系统，并使班组成员对信息化管理系统的结构、功能和操作规程有一个比较清晰的认识，通过培训能够对班组信息化管理系统所提供的各种功能进行操作。(　)

A. 正确　　B. 错误

243. 在人类社会漫长的发展历程中，物质资源、能源资源和信息资源被称作支撑人类文明和进步的“三大支柱”。(　)

A. 正确　　B. 错误

244. 模糊性是指客观事物在形态及类属方面的不分明性，其根源是在类似事物间存在一系列过渡状态，它们相互渗透，相互贯通，使得彼此之间没有明显的分界线。(　)

A. 正确　　B. 错误

245. 制定正确的信息化战略，做好信息化规划，是信息化成功的关键。(　)

A. 正确　　　　　　　　　　B. 错误

246. “创新型”课题 QC 小组活动中，现状调查是必不可少的程序。(　　)

A. 正确　　　　　　　　　　B. 错误

247. 人工智能并不是一个独立、封闭和自我循环发展的智能科学体系，而是通过与其他科学领域的交叉结合，融入人类社会发展的各个方面。(　　)

A. 正确　　　　　　　　　　B. 错误

248. 人工智能是一种引发诸多领域产生颠覆性变革的前沿技术，合理有效地利用人工智能，意味着能获得高水平价值创造和竞争优势。(　　)

A. 正确　　　　　　　　　　B. 错误

249. 数据是逻辑的，是对信息的解释。(　　)

A. 正确　　　　　　　　　　B. 错误

250. 2017 年，国务院印发《关于深化“互联网 + 先进制造业”发展工业互联网的指导意见》，明确要求提升安全防护能力，建立数据安全防护体系，推动安全技术手段建设。(　　)

A. 正确　　　　　　　　　　B. 错误

251. 区块链是一个共享数据库，储存于其中的数据或信息具有不可伪造、全程留痕、可以追溯、公开透明、集体维护等特征。(　　)

A. 正确　　B. 错误

252. 敏捷制造指企业采取的能够对市场多变的需求（包括对产品的需求）作出敏捷的反应，从而很好地满足市场需求的制造组织和制造方式。它以柔性生产技术和动态联盟结构为特点，以高素质、协同良好的工作人员为核心，实施企业间的网络集成，形成快速响应市场的社会化制造体系。（　）

A. 正确　　B. 错误

253. 数字化是指现实世界与虚拟世界并存且融合的新世界。（　）

A. 正确　　B. 错误

254. 系统的故障，无论大小故障，都应该有所记录。（　）

A. 正确　　B. 错误

255. 班组创新管理可以概括为通过对管理方法、生产技能等相关行为的创新，促进班组建设，提丌班组综合能力，达到提高班组效益的活动过程。（　）

A. 正确　　B. 错误

256. 2021 年 9 月，工业和信息化部、中央网络安全和信息化委员会办公室、科学技术部、生态环境部、住房和城乡建设部、农业农村部、国家卫生健康委员会、国家能源局等八部门联合印发《物联网新型基础设施建设三年行动计划（2021—2023 年）》。（　）

A. 正确　　B. 错误

257. 漏洞扫描是用于对企业网络进行终端安全弱点检测的一种软件设备，可针对终端的操作系统、应用、数据库、网站等进行安全隐患扫描，并提供弱点报告帮助管理员进行安全加固。(　　)

A. 正确　　B. 错误

258. 数字化时代，企业的关键价值已不在于满足顾客需求，而在于能否为顾客创造需求。(　　)

A. 正确　　B. 错误

259. 在信息应用的智能化阶段，信息化是企业提升竞争力的重要手段之一。(　　)

A. 正确　　B. 错误

260. 信息分析是一个系列化的信息活动过程，包括课题选择和计划、信息搜集和处理、信息分析和提炼、信息分析成果评价和推广应用四个核心环节。(　　)

A. 正确　　B. 错误

261. 文本检索是以各种自然语言符号系统所表示的信息为主要检索对象的信息检索活动。(　　)

A. 正确　　B. 错误

262. 设备管理是管理系统的一个子系统，它具有管理信息系统的共性，同时也具有特殊性。(　　)

A. 正确　　B. 错误

263. 国家信息化测评中心发布的“企业信息化基本指标”可适用于任何企业。(　)

A. 正确　　B. 错误

264. 信息资源管理标准化的内容包括标准化技术、标准化设施、标准化术语以及标准化管理过程等四部分。(　)

A. 正确　　B. 错误

265. 2017 年，国务院正式印发了《新一代人工智能发展规划》，这是我们国家针对人工智能领域的第一个系统部署的文件。(　)

A. 正确　　B. 错误

266. 科学技术的发展除了主要取决于内部因素外，还受到外部条件因素的影响和制约。(　)

A. 正确　　B. 错误

267. 产品生命周期是一种应用于单一地点的企业内部、分散在多个地点的企业内部，以及产品研发领域具有协作关系的企业之间的，支持产品全生命周期的信息的创建、管理、分发和应用的一系列应用解决方案，能够集成与产品相关的人力资源、流程、应用系统和信息。(　)

A. 正确　　B. 错误

268. 班组长创新能力是以原有知识为基础的，创新意识是其“敲门砖”，创新思维是创新能力的保证和核心，个人性格决定

其能否成功，而创新技巧则决定创新能力的创新效率。(　)

A. 正确　B. 错误

269. 人工智能研究的近期目标是解决制造智能机器或智能系统的相关原理和技术问题，以实现部分智能作用。(　)

A. 正确　B. 错误

270. 随着科学技术的不断进步，智能检验装备也在航空航天、汽车零件、医疗设备等生产制造领域逐步得到应用。(　)

A. 正确　B. 错误

271. 信息系统由人、硬件、软件、数据、处理规程等五部分组成。(　)

A. 正确　B. 错误

272. 外部实体也叫外部项。(　)

A. 正确　B. 错误

273. 数字化车间由车间生产控制系统和现场执行系统两部分构成。(　)

A. 正确　B. 错误

274. 信息组织是解决信息数量绝对激增和信息质量相对贫困的矛盾的关键环节。(　)

A. 正确　B. 错误

275. 创新活动可以只是为了创新而创新，追求标新立异。(　)

A. 正确　B. 错误

276. 正确的综合可以引导有效的发明。综合原理在技术发明中广为应用，它可以是高新技术与老式技术的综合，也可以是自然科学与社会科学的综合，还可以是多学科科学成果的综合。(　)

A. 正确　　B. 错误

277. 在 2G、3G 和 4G 的国际标准中，我国都拥有核心自主知识产权。(　)

A. 正确　　B. 错误

278. 制造企业的数字化和智能化改造可分成四个阶段：自动化产线与生产装备、设备联网与数据采集、数据的打通与直接应用、数据智能分析与应用。(　)

A. 正确　　B. 错误

279. 人工智能的应用前景光明，但仍然需要面对数据质量和隐私问题挑战。(　)

A. 正确　　B. 错误

280. 制造执行系统（MES）是制造运营管理（MOM）系统的升级版。(　)

A. 正确　　B. 错误

281. 反向推理是以已知事实作为出发点，按照一定的策略，运用知识库中的知识，推断出结论的过程。(　)

A. 正确　　B. 错误

282. 地序组织法最大的特点是能反映地域特色。(　)

A. 正确　　B. 错误

283. 只要采用并行爬行就一定会带来效率。(　)

A. 正确　　B. 错误

284. 机器学习专门研究计算机怎样模拟或实现人类的学习行为，以获取新的知识或技能，重新组织已有的知识结构，使之不断改善自身的性能。(　)

A. 正确　　B. 错误

285. 创新制度是创新的灵魂，必须对其加以发挥并使之形成合力。(　)

A. 正确　　B. 错误

286. 智力鼓励型创新技法就是一种能发挥每个人才干的群体创新措施，其中涉及头脑风暴法、635 法、菲利浦斯 66 法、德尔菲法和六顶思考帽法。(　)

A. 正确　　B. 错误

287. 深度学习是隐藏层更多的人工神经网络模型。(　)

A. 正确　　B. 错误

288. 数字化车间是以现代化信息、网络、数据库等技术为基础，通过智能化、数字化、信息化等手段融合建设的生产车间，可以更加精细地管理生产资源、生产设备及生产过程。(　)

A. 正确　　B. 错误

289. 创新可以从改变不合理的地方开始。(　　)

A. 正确　　　　B. 错误

290. 事实检索是以虚拟的世界为检索对象。(　　)

A. 正确　　　　B. 错误

291. 信息检索系统是为满足信息用户的信息需求而建立的、存贮经过加工了的信息集合的人机信息系统。(　　)

A. 正确　　　　B. 错误

292. 智能控制即设计一个控制器，使之具有学习、抽象、推理、决策等功能，并能根据环境信息的变化作出适应性判断，从而实现由人来完成的任务。(　　)

A. 正确　　　　B. 错误

293. 在日本，信息资源的配置和共享一直被看作支撑经济结构调整和促进经济腾飞的动力。(　　)

A. 正确　　　　B. 错误

294. 创新活动中，最好有正面激励，通过奖励、表扬等方法让员工受激励，产生参与的动机。(　　)

A. 正确　　　　B. 错误

295. 乔布斯曾说过，创新与公司研发投入的多少没有必然的关系，当苹果公司推出 Mac 电脑的时候，IBM 在研发上的投入至少是苹果的 100 倍。可见，创新的关键还是回归顾客价值。(　　)

A. 正确　　B. 错误

296. 眉头一皱，计上心来，这体现了创造性思维的程序上的非逻辑性特征。(　　)

A. 正确　　B. 错误

297. 人工智能算法设计与优化需要以海量优质数据资源为基础。(　　)

A. 正确　　B. 错误

298. 数字化制造基于计算机的集成系统（由仿真、3D 可视化、分析和协作工具组成）去创建产品和定义制造流程。(　　)

A. 正确　　B. 错误

299. 产业和经济发展的需求对物联网的发展是一种更大的推动力。(　　)

A. 正确　　B. 错误

300. 管理控制层是根据战略计划层的要求，及时给出所需要的带有统计或预测性质的各种管理信息。(　　)

A. 正确　　B. 错误

301. 电灯开关的改进经历了手控—光控—声控的发展，这实质上是一种纵向思维在实际生活中的运用。(　　)

A. 正确　　B. 错误

302. 谷歌研究提出，随着训练数据数量级的增加，相同机器视觉算法模型的性能呈指数级上升。(　　)

A. 正确 B. 错误

303. 在人工智能中，“雪是白色的”这种知识被称为“规则”。( )

A. 正确 B. 错误

304. 信息检索由信息检索和信息组织两部分组成。( )

A. 正确 B. 错误

305. 企业外部信息主要包括国内外行业情报、产品情况信息、新产品开发信息、新技术的应用、国家法规和行业规定以及制度、设备性能、客户情况等。( )

A. 正确 B. 错误

306. 数字化生态是指客户生态、运营生态、技术生态和人才生态四个生态的有机结合。其中最为重要的部分是技术生态。( )

A. 正确 B. 错误

307. 数据管理和控制的主要内容是规定应采集数据的种类名称和代码。( )

A. 正确 B. 错误

308. 在创新过程中，思维状态首先追求理想状态，而非止于现实的约束。比如，在改善产能时，首先想到的是设计产能，在设计产能下，应该达到的理想目标是多少，而后再思考现实的约束条件，诸如缺料、人员技能不足等问题，将问题分

解，逐步解决。(　　)

A. 正确　　　　　　　　　　B. 错误

309. 物联网是在互联网基础上的延伸和拓展。(　　)

A. 正确　　　　　　　　　　B. 错误

310. 人工智能发展阶段中数据驱动阶段包括大数据、运算能力、训练数据。(　　)

A. 正确　　　　　　　　　　B. 错误

311. 僵尸程序是用于构建大规模攻击平台的恶意程序。按照使用的通信协议，僵尸程序可进一步分为 IRC 僵尸程序、HTTP 僵尸程序、P2P 僵尸程序和其他僵尸程序。(　　)

A. 正确　　　　　　　　　　B. 错误

312. 智能检验装备的硬件部分主要包括微机子系统、数据采集子系统、通信子系统、控制子系统等。(　　)

A. 正确　　　　　　　　　　B. 错误

313. 聚类是把一组个体按照相似性归成若干个类别，即物以类聚。(　　)

A. 正确　　　　　　　　　　B. 错误

314. 信息产业的发展呈现单一化、国际化、产业结构高级化趋势，随着信息产品能力倍增，成本也在相应增加。(　　)

A. 正确　　　　　　　　　　B. 错误

315. 管理制度的建立一方面规范了员工的行为方式，但也容易使员工墨守成规，以至于压制员工的创新意识。尤其是严格僵化的管理机制，虽然给企业运作带来了稳定，但是也限制了超常规的需求，使企业内部的创新因子无法发挥作用。因此，创新型的企业建立富有弹性的管理机制是首要的。（ ）

A. 正确 B. 错误

316. 引进技术的缺陷是制约企业创新的障碍。（ ）

A. 正确 B. 错误

317. 数字化为组织与人力资源管理带来了根本性变化，这意味着管理者需要关注“组织价值重构”这一概念。（ ）

A. 正确 B. 错误

318. AI 是一个用来模拟人思维的知识处理系统，具有记忆、学习、信息处理、形式语言、启发推理等功能。（ ）

A. 正确 B. 错误

319. 创新思维是创新的核心。（ ）

A. 正确 B. 错误

320. 信息系统是信息资源存储、开发和被利用的主要工具。（ ）

A. 正确 B. 错误

321. 创新管理是提高创新能力、获得更好创新绩效的关键，是企业管理的新的重要组成部分。（ ）

A. 正确 B. 错误

322. 现代信息管理就是借助现代信息技术，充足运用经济、人文等手段，对社会中存在的多种类型的信息资源及信息活动加以管理，以求最大限度地发挥它的作用，实现它的价值，并带来效益。(　)

A. 正确　　B. 错误

323. 数字化车间可以借助数字化系统实现整个生产信息流的传递，实时获取生产状态、生产指令，从而使生产过程中的信息数据化。(　)

A. 正确　　B. 错误

324. 科学发现是人类出于认识世界和改造世界的需要而进行的探索性、创造性活动。(　)

A. 正确　　B. 错误

325. 组织应对用于测量和有监视要求的软件在使用前进行确认。(　)

A. 正确　　B. 错误

326. 机器学习是机器获取知识的根本途径，同时也是机器具有智能的重要标志。(　)

A. 正确　　B. 错误

327. 知识产权是一种无形财产权，它与房屋、汽车等有形财产不一样，无法受到国家法律的保护。(　)

A. 正确　　B. 错误

328. 管理信息化的风险控制问题具有深入研究的必要性和迫切

性，但由于这一问题的研究属于交叉领域，国内这方面的研究并不多，尚处于起步阶段和发展阶段。(　)

A. 正确　　B. 错误

329. 管理信息系统开发过程中，系统分析阶段的主要任务是进行需求调查，提出新系统的逻辑方案。(　)

A. 正确　　B. 错误

330. 人工智能的研究途径是主张通过运用计算机科学的方法进行研究，实现人工智能在计算机中的模拟。(　)

A. 正确　　B. 错误

331. 创新活动本身可以创造资源。(　)

A. 正确　　B. 错误

332. 无线路由器上设置加密信息，WEP 加密比 WAP 加密安全性更高。(　)

A. 正确　　B. 错误

333. 创新计划是指班组根据对创新内外部环境的分析和企业既定目标的要求，确定创新的目标，并对未来创新活动所做的事前安排。(　)

A. 正确　　B. 错误

334. 端到端价值链的数字化整合是实现智能制造云的愿景，用户只要提供需求，就可以获得所需的产品。(　)

A. 正确　　B. 错误

335. 图灵测试是图灵于 1950 年提出的一个关于判断机器是否能够思考的著名试验，测试某机器是否能表现出与人等价或无法区分的智能。(　　)

A. 正确　　B. 错误

336. 信息是客观世界中各种事物状态、特征及其相互关系的反映，信息不是现实世界的录像，而是被人们选择、加工、处理后需要标识的东西。简单而言，它是对客观实体的主观反映。(　　)

A. 正确　　B. 错误

337. 数字化技术体系包括产品表达数字化、制造装备数字化、制造工艺数字化和制造系统数字化。(　　)

A. 正确　　B. 错误

338. 网络安全等级保护简称等保，根据网络在国家安全、经济建设、社会生活中的重要程度，以及其一旦遭到破坏、丧失功能或者数据被篡改、泄露、丢失、损毁后，对国家安全、社会秩序、公共利益以及相关公民、法人和其他组织的合法权益的危害程度等因素，网络分为五个安全等级，五级为最高级，企业通常最高级为四级。(　　)

A. 正确　　B. 错误

339. 创新中管理集成是以信息技术和先进的制造技术为基础，以快速创新为目标，以集成思想为指导，借助集成手段和工

具，对创新过程中管理思想、手段、方法、技术、过程以及各种管理要素进行整合。(　)

A. 正确　　B. 错误

340. 任何使现有财富创造能力发生改变的行为或活动都可以称为创新。(　)

A. 正确　　B. 错误

341. 物联网分为四层：感知识别层、网络构建层、传输层和应用层。(　)

A. 正确　　B. 错误

342. 班组机制创新建设要建立完善班组创新激励机制，对创新工作进行引导、展示和奖励，促进创新人才不断涌现。(　)

A. 正确　　B. 错误

343. 信息组织采用一定的方式，将某一方面大量的、分散的、杂乱的信息整序、优化，形成一个有效利用的系统。(　)

A. 正确　　B. 错误

344. 创业是创造的一种过程。(　)

A. 正确　　B. 错误

345. 车间信息化是制造业的薄弱环节。(　)

A. 正确　　B. 错误

346. 信息管理活动本质上是对信息活动全过程所有要素的有效控制。(　)

A. 正确　　　　　　　　B. 错误

347. 广义的信息资源是一种贯穿于人类社会信息活动中从事信息生产、分派、互换、流通、消费的全过程的多要素的集合，包括信息劳动的对象——信息（数据），信息劳动的设备——计算机等工具，信息劳动的技术——网络、通信和计算机技术等信息技术手段，信息劳动者——信息专业人员。(　)

A. 正确　　　　　　　　B. 错误

348. 创新型 QC 小组的标准化活动就是把创新成果纳入小组标准。(　)

A. 正确　　　　　　　　B. 错误

349. 网络安全模拟环境是指通过虚拟环境与真实设备相结合，模拟仿真出真实网络空间攻防作战环境，能够支撑网络攻防能力研究和验证试验平台。(　)

A. 正确　　　　　　　　B. 错误

350. 班组作为企业的基层单位，是企业管理的基础和落脚点，是基层员工队伍建设的重要载体，其信息化管理水平关系到企业的生产运营水平、经营效率和盈利水平。(　)

A. 正确　　　　　　　　B. 错误

351. 在零售领域，人工智能可以通过个性化推荐和智能营销，提升客户体验和忠诚度。(　)

A. 正确　　B. 错误

352. 所有的机器学习分类算法都属于无监督方法。(　)

A. 正确　　B. 错误

353. 创新管理是一套整合企业创意管理、研究与开发管理、制造管理和营销管理的新型整合化企业管理模式，它运用战略、组织、资源和制度等学科逻辑，系统地推动创新的产生、发展和应用，有效地调控创新的程度与频率，是一类复杂的企业管理理论与方法体系。(　)

A. 正确　　B. 错误

354. 通过改变或替换原有技术或产品中的部分内容即可完成的创新是小型创新。(　)

A. 正确　　B. 错误

355. 系统调试是系统在正式投入使用前的必需步骤。PLC（可编程逻辑控制器）控制系统的调试既有硬件部分的调试，又要进行软件调试。(　)

A. 正确　　B. 错误

356. 知识图谱以结构化的形式，描述客观世界中存在的概念、实体和实体间的关系。(　)

A. 正确　　B. 错误

357. 创新指的是人们按照事物的发展规律，改变事物的整体或其中某些部分，使其得以更新和发展的活动。(　)

A. 正确　　B. 错误

358. 技术、信息和知识贯穿整个企业生态系统，驱动各个生态成员获得成长。(　　)

A. 正确　　B. 错误

359. 机器人的精度主要依存于机械误差、控制算法误差与分辨率系统误差。(　　)

A. 正确　　B. 错误

360. 智能制造系统网络安全防护可以通过补丁升级来解决安全问题。(　　)

A. 正确　　B. 错误

361. 数字化时代的领导者需要与时俱进，我们需要明白适者生存是规律，与时俱进是责任，物竞天择是现实。(　　)

A. 正确　　B. 错误

362. 创新过程中需要学习新的知识，培养新的能力，员工在创新过程中，能够将知识和能力用到实际工作中，形成新的技能。(　　)

A. 正确　　B. 错误

363. 工具快换装置包括一个机器人侧，用来安装在机器人手臂上，还包括一个工具侧，用来安装在末端执行器上。(　　)

A. 正确　　B. 错误

364. 企业实现数字化业务体验的关键是要完成企业各个要素之间

的数字化打通与连接。(　　)

A. 正确　　B. 错误

365. 人工智能的发展趋势是向智能化、自主化和广泛化方向发展。(　　)

A. 正确　　B. 错误

366. 网关接入鉴权的主要作用是对网关的身份进行鉴权，防止非法设备越权访问。(　　)

A. 正确　　B. 错误

367. 物联网的数据处理技术主要是实现数据的存储、处理、分析、决策与高效应用。(　　)

A. 正确　　B. 错误

368. 信息化能力评价有利于规范信息化管理。(　　)

A. 正确　　B. 错误

369. 组成头脑风暴法小组，小组成员应全是专家。(　　)

A. 正确　　B. 错误

370. 创新是始于宏伟的目标，终于备受瞩目的结果。(　　)

A. 正确　　B. 错误

371. 人工智能可以实现智能客服和智能助手等应用，提升客户体验和服务质量。(　　)

A. 正确　　B. 错误

372. 人工智能研究的远期目标是建立信息处理的智能理论、制造

智能机器。(　　)

A. 正确　　　　B. 错误

373. 大数据技术和云计算技术是两门完全不相关的技术。(　　)

A. 正确　　　　B. 错误

374. 创造能力是把事物的整体分解为若干部分进行研究的技能和本领。(　　)

A. 正确　　　　B. 错误

375. 专家系统的实质是一种试图以启发式教育方式将人类专家的知识呈现出来的计算机程序系统。(　　)

A. 正确　　　　B. 错误

376. 工业以太网主要采取的网络拓扑形式是星形和环形。(　　)

A. 正确　　　　B. 错误

377. 原点位置校准是在出厂前进行的，但在改变机器人与控制柜的组合情况下必须再次进行原点位置校准。(　　)

A. 正确　　　　B. 错误

378. 控制论的三要素是：信息、反馈和控制。(　　)

A. 正确　　　　B. 错误

379. 云计算可以为各种不同的物联网应用提供统一的服务交付平台。(　　)

A. 正确　　　　B. 错误

380. 数据检索是一种确定性检索。(　　)

A. 正确　　　　　　　　B. 错误

381. 大多数的创新属于小级别创新或普通创新。(　　)

A. 正确　　　　　　　　B. 错误

382. 查全率和查准率两者相结合使用能够反映一个检索系统的基本检索效果。(　　)

A. 正确　　　　　　　　B. 错误

383. 5G 技术是满足云化机器人的理想通信网络，是实现云化机器人的关键。(　　)

A. 正确　　　　　　　　B. 错误

384. 防火墙是内部网与外部网之间的一种访问控制设备，常安装在内部网和外部网交界点上。下一代防火墙通过深入洞察网络流量中的用户、应用和内容，可以全面应对应用层威胁。(　　)

A. 正确　　　　　　　　B. 错误

385. 对管理信息化不仅要求及时、准确、完整地提供经营管理信息，而且进一步要求利用网络化信息技术手段对班组内部的各种资源进行管理、控制和配置，并迅速地作出科学的、符合班组价值最大化的决策。(　　)

A. 正确　　　　　　　　B. 错误

386. GPT 是指生成式预训练变换模型。(　　)

A. 正确　　　　　　　　B. 错误

387. 1956 年的达特茅斯会议上，科学家们探讨用机器模拟人类智能等问题，首次提出了人工智能的术语，AI 的名称和任务得以确定，同时出现了最初的成就和最早的一批研究者。(　　)

A. 正确　　　　B. 错误

388. 创新管理的内在特性表现为跨学科及多功能性。(　　)

A. 正确　　　　B. 错误

389. 组织结构是人们在组织内进行分工与协调的方式的总和。(　　)

A. 正确　　　　B. 错误

390. 在创新活动中，重要的是行动。在行动过程中，发现具体的实际情况，不断地探索新的信息，找到解决问题的方法。(　　)

A. 正确　　　　B. 错误

391. 智能控制的应用领域，包括智能机器人控制、计算机集成制造系统、工业过程控制、航空航天控制和交通运输系统等。(　　)

A. 正确　　　　B. 错误

392. 图灵测验本身具有浓重的行为主义色彩。(　　)

A. 正确　　　　B. 错误

393. 信息组织是按照信息使用者的要求进行的。(　　)

A. 正确　　　　B. 错误

394. 针对不同基层班组的工作难点和重复性劳动较多的情况，班组信息化平台可以通过定制开发一系列专业记录管理的模块，如备品备件管理、设备台账信息、车辆信息等，其中与运行管理相关的有异常运行记录、调度运行日志等；与检修相关的有设备巡视记录、设备连接器测温记录等；与安全相关的有防误操作装置解锁情况、两票合格率统计表等，提升管理效果。(　　)

A. 正确　　　　B. 错误

395. IP 互联网、无线传感器网络、无线宽带网、移动通信网等网络都可以用于物联网。(　　)

A. 正确　　　　B. 错误

396. 数据分析的主要工具是数据流程图和数据字典。(　　)

A. 正确　　　　B. 错误

397. 人工智能是智能计算机系统，即人类智慧在机器上的模拟，或者说是人们使机器具有类似人的智慧（对语言能理解、能学习、能推理）。(　　)

A. 正确　　　　B. 错误

398. 边缘计算可以处理终端侧的全部业务和数据。(　　)

A. 正确　　　　B. 错误

399. 知识管理是协助企业组织和个人，围绕多种来源的知识内容，运用信息技术，实现知识的生产、分享、应用以及创新，并在企业个人、组织、业务目的以及经济绩效等诸多方面形成知识优势和产生价值的过程。（ ）

A. 正确　　B. 错误

400. 人工神经网络是机器学习的子集，机器学习是人工智能体系的子集。（ ）

A. 正确　　B. 错误

401. 信息技术的发展促使企业组织结构从垂直向水平演变，与传统组织追求规模经济和范围经济的情况一样，结构扁平化的企业组织为了实现固定成本、销售费用、研发费用等成本分摊，以及降低存货和获得其他经济效益，同样需要规模经济和范围经济。（ ）

A. 正确　　B. 错误

402. 班组长创新能力主要表现在三个方面。一是能敏锐地发现问题和提出问题；二是善于提出解决问题的具体方案；三是能准确评审和选择解决问题的方案。（ ）

A. 正确　　B. 错误

403. 数字化营销是用数字传播渠道来推广产品和服务的实践活动，以一种及时、相关、规模化和节省成本的方式与消费者进行沟通。（ ）

A. 正确　　B. 错误

404. 在 ERP 系统中，物料采购到货要入库，生产领料要出库，这均属于库存业务范围。(　　)

A. 正确　　B. 错误

405. 国民信息化的基础是企业信息化。(　　)

A. 正确　　B. 错误

406. 深度学习源于人工神经网络的研究。(　　)

A. 正确　　B. 错误

407. 人类有三种学习方法：亲身经历，这是最痛苦的；借鉴模仿，这是最容易的；反思创新，这是最高贵的。(　　)

A. 正确　　B. 错误

408. 数字化工厂包含产品设计、生产规划与生产执行等方面的数字化。(　　)

A. 正确　　B. 错误

409. 钓鱼邮件指利用伪装的电邮，欺骗收件人将账号、口令等信息回复给随机的接收者或引导收件人连接到特制的网页。(　　)

A. 正确　　B. 错误

410. 数字孪生是指充分利用物理模型、传感器更新、运行历史等数据，集成多学科、多物理量、多尺度、多概率的仿真过程，在虚拟空间中完成映射，反映相对应的实体装备的全生命周期过程。(　　)

A. 正确　　B. 错误

411. 在金融领域，人工智能可以通过大数据分析和机器学习，帮助银行和金融机构进行风险评估和欺诈检测。(　　)

A. 正确　　B. 错误

412. 创新可以在创新系统内部结构不发生整体性变化的情形下发生。(　　)

A. 正确　　B. 错误

413. 要实现从分工到协同的转变，信息共享是基础。(　　)

A. 正确　　B. 错误

414. 信息可视化本质就是把数据翻译设计成图形，利用视觉传递信息，使信息更加生动。(　　)

A. 正确　　B. 错误

415. 技术创新的行为主体是产品的制造商。(　　)

A. 正确　　B. 错误

416. 元宇宙（Metaverse）是一个虚拟世界，由现实世界映射或超越现实世界，可与现实世界交互。(　　)

A. 正确　　B. 错误

417. 按照信息的发生领域，可将信息分为物理信息、生物信息和社会信息。(　　)

A. 正确　　B. 错误

418. 对机器人进行示教时，作为示教人员必须事先接受过专门的培训才行；与示教作业人员一起进行作业的监护人员，处在机器人可动范围外时，必须事先接受过专门的培训，才可进行共同作业。(　　)

A. 正确　　B. 错误

419. 端口号是具有网络功能的应用软件的标识号，端口号是固定的。(　　)

A. 正确　　B. 错误

420. 人机工程是通过工作系统的合理组织，在同时关注人工作能力和需求的前提下，实现人、工装和工作对象的最正确组合，使作业在效率、安全、健康、舒适等几个方面的性能得到提高。(　　)

A. 正确　　B. 错误

421. 物联网可以通过信息传感设备，按约定的协议，将任何物体与网络相连接。(　　)

A. 正确　　B. 错误

422. 在已有经验的基础上，寻找另外的途径、探求新思路、发现新关系以解决问题，这就是创造性思维。(　　)

A. 正确　　B. 错误

423. 事实检索的内容包括大量的科学事件和社会事件。(　　)

A. 正确　　B. 错误

424. 班组信息管理工作主要涉及企业内部上级部门、企业外部、

本班组内部三个层面的信息的收集、处理和提供。(　)

A. 正确　　B. 错误

425. 用户是专家系统的组成部分。(　)

A. 正确　　B. 错误

426. 设备使用、工艺路线、报表是生产执行系统(MES)的基础数据。(　)

A. 正确　　B. 错误

427. 数字化时代的组织价值重构的三个关键词包括赋能、共生、协同。(　)

A. 正确　　B. 错误

428. 测试是为了发现错误而执行程序的过程。(　)

A. 正确　　B. 错误

429. 数据采集方面,生产执行系统(MES)可以根据不同的数据、应用场景、人员能力、设备投入等方面,采取不同的数据采集方式,实时获取各工序、设备、物料、产品等数据,并统计、分析成其他系统、管理者所需的信息。(　)

A. 正确　　B. 错误

430. 在数字经济时代,企业运营的所有要素,可以通过企业自身或第三方服务,走向全领域、全流程、全方位的数字化运营与管理。(　)

A. 正确　　B. 错误

431. “大数据”一词最早出现于 20 世纪 90 年代，当时的数据仓库之父比尔·恩门经常提及 Big Data。(　)

A. 正确　　B. 错误

432. 信息的本质是为主体消除或减少不确定性。(　)

A. 正确　　B. 错误

433. 数字技术可以帮助人们更敏锐地认识自己的动机与需求，在新技术的帮助下，个体能够更好地平衡工作与生活的冲突。(　)

A. 正确　　B. 错误

434. 创新型课题与问题解决型课题的区别：立意不同、过程不同、结果不同、使用统计方法不同。(　)

A. 正确　　B. 错误

435. 信息化为企业带来的价值可分为显性价值和隐性价值。显性价值是指可以通过财务报表反映的价值；隐性价值是指不能通过财务报表反映，但对提升企业价值起到积极作用的价值。(　)

A. 正确　　B. 错误

436. 生产数据的利用和反馈最常用的方式有：看板、条码、报表。(　)

A. 正确　　B. 错误

437. 智能控制系统的核心是去控制复杂性和不确定性。(　)

A. 正确　　　　　　　　B. 错误

438. 机器学习和深度学习是人工智能的两个不同的分支，很多问题机器学习无法解决，所以诞生了深度学习。(　　)

A. 正确　　　　　　　　B. 错误

439. 班组创新管理要求班组成员必须有新发明、新创造。(　　)

A. 正确　　　　　　　　B. 错误

440. ERP 系统支持离散型、流程型等混合制造环境。(　　)

A. 正确　　　　　　　　B. 错误

441. 数字化工厂和物理工厂的业务之间进行的是双向的信息交流。(　　)

A. 正确　　　　　　　　B. 错误

442. 巷道堆垛机的功能主要是在高层货架的巷道内来回穿梭运行，将位于巷道口的物资存入货架或取出货架上的物资送至巷道口。(　　)

A. 正确　　　　　　　　B. 错误

443. 查全率是指系统在进行某一检索时，检出的相关文献量和系统文献库中相关文献总量的比率。(　　)

A. 正确　　　　　　　　B. 错误

444. 所有的机器学习分类算法都无监督方法。(　　)

A. 正确　　　　　　　　B. 错误

445. 人工智能技术可通过对特征库学习自动查找系统漏洞和识别

关键目标，提高攻击效率。(　　)

A. 正确　　　　B. 错误

446. 班组信息化建设主要是将纸质化表单转化为电子化表单。(　　)

A. 正确　　　　B. 错误

447. 数据库审计（DBAudit）能够实时记录网络上的数据库活动，对数据库操作进行细粒度审计的合规性管理，对数据库遭受到的风险行为进行告警，对攻击行为进行阻断。(　　)

A. 正确　　　　B. 错误

448. 创造精神是人们的意识或创造欲望的反映。(　　)

A. 正确　　　　B. 错误

449. 信息分析是在大量搜集原生信息的基础上，通过去粗存精、去伪存真、由此及彼、由表及里地分析处理和评价，形成对经济决策或其他社会活动有参考利用价值的信息成果。(　　)

A. 正确　　　　B. 错误

450. 数字化对产业价值的意义，就是数字化资源将通过各种形式源源不断地渗透到产业链的每一个环节，从而诞生有无限可能性的“新产业组合”。(　　)

A. 正确　　　　B. 错误

451. 纵向思维能力比较强的人，对事物的见解更广泛。(　　)

A. 正确　　B. 错误

452. 创新型课题不需要现状调查。(　　)

A. 正确　　B. 错误

453. 智能制造把制造自动化概念更新，扩展到柔性化、智能化和高度集成化。(　　)

A. 正确　　B. 错误

454. 创新素质是由创新意识和创新精神与思维、创新人格和能力以及实践能力三个维度组成。(　　)

A. 正确　　B. 错误

455. 一般认为人们在提出问题和解决问题的过程中，一切对创新成果起作用的思维活动，均可视为广义的创新思维。(　　)

A. 正确　　B. 错误

456. 通过无线网络与互联网的融合，将物体的信息实时准确地传递给用户，指的是可靠传递。(　　)

A. 正确　　B. 错误

457. 从广义上来说，信息技术就是可以扩展人类信息器官功能的多种技术的总称，是波及信息的生产、获取、检测、识别、互换、传递、处理、存储、显示、控制、运用和反馈等信息活动的所有技术的集合。(　　)

A. 正确　　B. 错误

458. 国家对公共通信和信息服务、能源、交通、水利、金融、公共服务、电子政务等重要行业和领域，以及其他一旦遭到破坏、丧失功能或者数据泄露，可能严重危害国家安全、国计民生、公共利益的关键信息基础设施，在网络安全等级保护制度的基础上，实行重点保护。(　)

A. 正确　　　　B. 错误

459. 高级计划排程（APS）系统主要解决在有限产能条件下，交期产能精确预测、工序生产与物料供应最优详细计划的问题。(　)

A. 正确　　　　B. 错误

460. 进行工作站机器人系统安装施工时，按照设计布局图，先将机器人整机固定在预定位置后，即可通电调试，安全防护措施及其他传输设备的安装可同步进行。(　)

A. 正确　　　　B. 错误

461. 传感器与工业物联网软件相结合，可以监测温度、振动和其他可能导致低于最佳运行条件的因素。(　)

A. 正确　　　　B. 错误

462. 在训练数据集上模型执行得很好，说明是一个好模型。(　)

A. 正确　　　　B. 错误

463. 特洛伊木马以盗取用户个人信息、远程控制用户计算机为主要目的，通常由控制端和被控端组成。(　)

A. 正确　　　　B. 错误

464. 人工校验是指打印数据输出结果，观察是不是预期的格式。(　)

A. 正确　　B. 错误

465. 协同商务指将具有共同商业利益的合作伙伴整合起来，主要是通过对与整个商业周期中的信息进行共享，实现和满足不断增长的客户的需求，同时也满足企业本身的活力能力。(　)

A. 正确　　B. 错误

# 参考答案

## 单项选择题

| | | | | |
|---|---|---|---|---|
| 1. D | 2. C | 3. B | 4. B | 5. C |
| 6. B | 7. B | 8. C | 9. A | 10. B |
| 11. C | 12. A | 13. A | 14. B | 15. C |
| 16. D | 17. A | 18. B | 19. D | 20. D |
| 21. C | 22. C | 23. A | 24. C | 25. B |
| 26. D | 27. A | 28. A | 29. B | 30. C |
| 31. C | 32. B | 33. B | 34. B | 35. D |
| 36. B | 37. C | 38. B | 39. A | 40. B |
| 41. A | 42. D | 43. B | 44. D | 45. C |
| 46. C | 47. B | 48. D | 49. D | 50. B |
| 51. C | 52. D | 53. A | 54. C | 55. D |
| 56. C | 57. D | 58. A | 59. B | 60. C |
| 61. B | 62. D | 63. C | 64. A | 65. B |
| 66. D | 67. B | 68. B | 69. B | 70. A |
| 71. C | 72. A | 73. A | 74. A | 75. B |
| 76. C | 77. D | 78. A | 79. B | 80. C |
| 81. D | 82. C | 83. C | 84. A | 85. C |
| 86. B | 87. D | 88. D | 89. A | 90. A |

| | | | | |
|---|---|---|---|---|
| 91. A | 92. D | 93. A | 94. A | 95. D |
| 96. D | 97. C | 98. C | 99. D | 100. B |
| 101. A | 102. A | 103. D | 104. D | 105. D |
| 106. A | 107. D | 108. D | 109. C | 110. A |
| 111. A | 112. B | 113. B | 114. A | 115. B |
| 116. C | 117. A | 118. C | 119. B | 120. C |
| 121. C | 122. B | 123. A | 124. C | 125. A |
| 126. A | 127. B | 128. D | 129. B | 130. B |
| 131. D | 132. A | 133. D | 134. A | 135. A |
| 136. D | 137. A | 138. A | 139. A | 140. D |
| 141. A | 142. B | 143. B | 144. C | 145. D |
| 146. D | 147. D | 148. C | 149. D | 150. B |
| 151. C | 152. C | 153. B | 154. C | 155. B |
| 156. B | 157. C | 158. B | 159. C | 160. B |
| 161. A | 162. C | 163. D | 164. C | 165. D |
| 166. C | 167. B | 168. A | 169. A | 170. D |
| 171. A | 172. B | 173. A | 174. A | 175. B |
| 176. A | 177. A | 178. A | 179. A | 180. C |
| 181. A | 182. B | 183. A | 184. A | 185. C |
| 186. A | 187. D | 188. D | 189. D | 190. B |
| 191. C | 192. C | 193. D | 194. C | 195. B |

| | | | | |
|---|---|---|---|---|
| 196. D | 197. C | 198. C | 199. C | 200. B |
| 201. B | 202. A | 203. C | 204. B | 205. C |
| 206. B | 207. A | 208. D | 209. D | 210. D |
| 211. B | 212. C | 213. A | 214. B | 215. A |
| 216. B | 217. A | 218. C | 219. B | 220. D |
| 221. D | 222. B | 223. C | 224. D | 225. D |
| 226. A | 227. B | 228. B | 229. A | 230. B |
| 231. C | 232. D | 233. C | 234. A | 235. C |
| 236. B | 237. A | 238. B | 239. A | 240. A |
| 241. C | 242. B | 243. A | 244. A | 245. B |
| 246. D | 247. D | 248. D | 249. B | 250. B |
| 251. C | 252. B | 253. B | 254. A | 255. B |
| 256. B | 257. D | 258. C | 259. C | 260. B |
| 261. D | 262. C | 263. C | 264. B | 265. A |
| 266. B | 267. A | 268. A | 269. B | 270. B |
| 271. D | 272. C | 273. C | 274. C | 275. D |
| 276. D | 277. C | 278. A | 279. C | 280. A |
| 281. B | 282. A | 283. B | 284. C | 285. A |
| 286. A | 287. D | 288. D | 289. D | 290. A |
| 291. A | 292. D | 293. B | 294. D | 295. B |
| 296. D | 297. A | 298. D | 299. C | 300. B |

| | | | | |
|---|---|---|---|---|
| 301. D | 302. B | 303. C | 304. C | 305. B |
| 306. B | 307. A | 308. B | 309. B | 310. A |
| 311. C | 312. D | 313. D | 314. A | 315. B |
| 316. C | 317. D | 318. C | 319. A | 320. D |
| 321. B | 322. A | 323. C | 324. D | 325. B |
| 326. B | 327. B | 328. C | 329. D | 330. C |
| 331. A | 332. A | 333. B | 334. C | 335. D |
| 336. D | 337. D | 338. C | 339. B | 340. A |
| 341. A | 342. B | 343. D | 344. D | 345. A |
| 346. B | 347. C | 348. C | 349. C | 350. C |
| 351. D | 352. D | 353. D | 354. D | 355. B |
| 356. D | 357. C | 358. C | 359. A | 360. C |
| 361. B | 362. B | 363. C | 364. C | 365. B |
| 366. C | 367. C | 368. C | 369. B | 370. B |
| 371. C | 372. A | 373. A | 374. D | 375. D |
| 376. C | 377. B | 378. C | 379. A | 380. A |
| 381. B | 382. A | 383. C | 384. B | 385. A |
| 386. C | 387. C | 388. D | 389. B | 390. A |
| 391. B | 392. D | 393. B | 394. B | 395. D |
| 396. A | 397. B | 398. D | 399. A | 400. B |
| 401. B | 402. A | 403. A | 404. A | 405. A |

| | | | | |
|---|---|---|---|---|
| 406. C | 407. C | 408. A | 409. B | 410. D |
| 411. C | 412. D | 413. D | 414. A | 415. A |
| 416. C | 417. C | 418. C | 419. B | 420. C |
| 421. B | 422. D | 423. B | 424. B | 425. D |
| 426. C | 427. D | 428. C | 429. D | 430. C |
| 431. D | 432. D | 433. B | 434. B | 435. D |
| 436. A | 437. D | 438. B | 439. B | 440. D |
| 441. C | 442. A | 443. D | 444. B | 445. B |
| 446. A | 447. C | 448. B | 449. A | 450. B |
| 451. B | 452. D | 453. B | 454. A | 455. A |
| 456. A | 457. B | 458. C | 459. B | 460. B |
| 461. D | 462. B | 463. A | 464. C | 465. C |
| 466. C | 467. B | | | |

## 多项选择题

| | | | |
|---|---|---|---|
| 1. ABCD | 2. ABCD | 3. ABC | 4. ABCD |
| 5. ABCD | 6. ACD | 7. BC | 8. ABCDEF |
| 9. ABCD | 10. ABCD | 11. ABC | 12. ABC |
| 13. ABC | 14. ABCD | 15. ABCD | 16. ABCD |

| | | | |
|---|---|---|---|
| 17. ABD | 18. ABCD | 19. ABCD | 20. AD |
| 21. ABC | 22. ABCD | 23. ABC | 24. AB |
| 25. ABC | 26. ABC | 27. AC | 28. AB |
| 29. ABCD | 30. AB | 31. ABCD | 32. BCD |
| 33. ABD | 34. ABCD | 35. ABCDE | 36. AB |
| 37. ABCD | 38. ABC | 39. ABC | 40. ABCD |
| 41. ABCD | 42. ABC | 43. ABC | 44. ABC |
| 45. ABCD | 46. ABC | 47. ABCD | 48. ABC |
| 49. ABCD | 50. ABC | 51. ABC | 52. ABCD |
| 53. ACD | 54. ABD | 55. ABD | 56. ABCD |
| 57. ABC | 58. ABC | 59. ABC | 60. ABCDE |
| 61. ABC | 62. ABCD | 63. ABCD | 64. ABCD |
| 65. ACD | 66. ABCD | 67. ABD | 68. ABCD |
| 69. ABC | 70. ABC | 71. ABC | 72. ABC |
| 73. ABCD | 74. ABCD | 75. ABCD | 76. CDE |
| 77. ABC | 78. ABCD | 79. ABD | 80. AC |
| 81. ABC | 82. ABCDE | 83. ABC | 84. ABC |
| 85. ABC | 86. ABC | 87. ABCD | 88. ABCDE |
| 89. ABCD | 90. ABC | 91. ABCDE | 92. ABCD |
| 93. ABCD | 94. ABCD | 95. ABD | 96. ACD |
| 97. ABCD | 98. ABC | 99. ABCD | 100. ABCDE |

| | | | |
|---|---|---|---|
| 101. ABC | 102. ABCD | 103. ABCD | 104. ABC |
| 105. ABCD | 106. ABCD | 107. ABC | 108. ABCD |
| 109. ABCD | 110. ABCD | 111. AB | 112. ABC |
| 113. ABCDE | 114. ABCD | 115. ABCD | 116. AB |
| 117. ABC | 118. ABCD | 119. ABCD | 120. AB |
| 121. ABCD | 122. ABCD | 123. ABCDE | 124. ABCD |
| 125. ABC | 126. BCD | 127. ABCD | 128. ABCD |
| 129. ABCD | 130. ABCDE | 131. ABCD | 132. ABCD |
| 133. ABCDEF | 134. ABCD | 135. ABC | 136. ABCDEF |
| 137. ABCD | 138. AB | 139. AB | 140. ABC |
| 141. ABD | 142. ABC | 143. ABCD | 144. ABCD |
| 145. ABCD | 146. ABC | 147. ABCD | 148. ABCD |
| 149. ABC | 150. ABC | 151. ABC | 152. ABCD |
| 153. ABCDE | 154. ABC | 155. ABC | 156. AB |
| 157. ABCD | 158. ABCD | 159. AC | 160. ABCD |
| 161. ABCD | 162. ABCD | 163. ABCD | 164. ABCD |

# 判断题

| | | | | |
|---|---|---|---|---|
| 1. A | 2. B | 3. B | 4. A | 5. A |
| 6. B | 7. B | 8. B | 9. A | 10. A |
| 11. A | 12. A | 13. A | 14. A | 15. A |
| 16. A | 17. A | 18. B | 19. A | 20. A |
| 21. A | 22. B | 23. A | 24. B | 25. B |
| 26. A | 27. B | 28. A | 29. A | 30. A |
| 31. B | 32. A | 33. A | 34. A | 35. A |
| 36. A | 37. A | 38. A | 39. A | 40. A |
| 41. A | 42. B | 43. A | 44. A | 45. A |
| 46. A | 47. B | 48. A | 49. A | 50. A |
| 51. A | 52. A | 53. A | 54. A | 55. A |
| 56. B | 57. A | 58. A | 59. A | 60. A |
| 61. A | 62. A | 63. A | 64. A | 65. A |
| 66. A | 67. A | 68. B | 69. A | 70. A |
| 71. A | 72. A | 73. A | 74. A | 75. A |
| 76. A | 77. A | 78. A | 79. A | 80. A |
| 81. A | 82. A | 83. B | 84. A | 85. A |
| 86. B | 87. A | 88. A | 89. A | 90. A |

| | | | | |
|---|---|---|---|---|
| 91. A | 92. A | 93. A | 94. A | 95. A |
| 96. A | 97. B | 98. A | 99. A | 100. A |
| 101. B | 102. A | 103. A | 104. A | 105. B |
| 106. A | 107. B | 108. B | 109. A | 110. A |
| 111. A | 112. A | 113. A | 114. A | 115. B |
| 116. A | 117. A | 118. A | 119. A | 120. A |
| 121. A | 122. A | 123. A | 124. B | 125. A |
| 126. B | 127. B | 128. A | 129. A | 130. A |
| 131. A | 132. A | 133. A | 134. A | 135. A |
| 136. A | 137. A | 138. A | 139. A | 140. B |
| 141. A | 142. A | 143. B | 144. B | 145. A |
| 146. A | 147. B | 148. A | 149. A | 150. B |
| 151. A | 152. A | 153. A | 154. B | 155. A |
| 156. A | 157. A | 158. A | 159. B | 160. A |
| 161. A | 162. A | 163. A | 164. A | 165. B |
| 166. A | 167. B | 168. A | 169. B | 170. A |
| 171. A | 172. A | 173. B | 174. A | 175. A |
| 176. A | 177. A | 178. A | 179. B | 180. A |
| 181. A | 182. A | 183. B | 184. B | 185. A |
| 186. A | 187. A | 188. B | 189. A | 190. B |
| 191. A | 192. A | 193. A | 194. A | 195. A |

| | | | | |
|---|---|---|---|---|
| 196. A | 197. A | 198. A | 199. A | 200. A |
| 201. A | 202. A | 203. A | 204. A | 205. A |
| 206. A | 207. A | 208. A | 209. A | 210. A |
| 211. A | 212. A | 213. A | 214. A | 215. A |
| 216. B | 217. A | 218. A | 219. A | 220. A |
| 221. A | 222. B | 223. A | 224. A | 225. A |
| 226. A | 227. A | 228. B | 229. A | 230. A |
| 231. A | 232. A | 233. A | 234. A | 235. A |
| 236. A | 237. A | 238. A | 239. A | 240. A |
| 241. A | 242. A | 243. A | 244. A | 245. A |
| 246. B | 247. A | 248. A | 249. B | 250. A |
| 251. A | 252. A | 253. A | 254. A | 255. A |
| 256. A | 257. B | 258. A | 259. A | 260. A |
| 261. A | 262. A | 263. A | 264. A | 265. A |
| 266. A | 267. A | 268. B | 269. A | 270. A |
| 271. A | 272. A | 273. A | 274. A | 275. B |
| 276. A | 277. B | 278. A | 279. A | 280. B |
| 281. B | 282. A | 283. B | 284. A | 285. B |
| 286. A | 287. A | 288. A | 289. A | 290. B |
| 291. A | 292. A | 293. A | 294. A | 295. A |
| 296. A | 297. A | 298. A | 299. A | 300. A |

| | | | | |
|---|---|---|---|---|
| 301. A | 302. B | 303. B | 304. A | 305. A |
| 306. B | 307. A | 308. A | 309. A | 310. A |
| 311. A | 312. A | 313. A | 314. B | 315. B |
| 316. B | 317. A | 318. A | 319. A | 320. A |
| 321. A | 322. A | 323. A | 324. A | 325. A |
| 326. A | 327. B | 328. A | 329. A | 330. A |
| 331. A | 332. B | 333. A | 334. A | 335. A |
| 336. A | 337. A | 338. B | 339. A | 340. A |
| 341. B | 342. A | 343. A | 344. A | 345. A |
| 346. A | 347. A | 348. B | 349. B | 350. A |
| 351. A | 352. B | 353. A | 354. A | 355. A |
| 356. A | 357. A | 358. A | 359. A | 360. B |
| 361. A | 362. A | 363. A | 364. A | 365. A |
| 366. A | 367. A | 368. A | 369. B | 370. B |
| 371. A | 372. A | 373. B | 374. B | 375. A |
| 376. A | 377. A | 378. A | 379. A | 380. A |
| 381. A | 382. A | 383. A | 384. A | 385. A |
| 386. A | 387. A | 388. A | 389. A | 390. A |
| 391. A | 392. A | 393. A | 394. A | 395. A |
| 396. A | 397. A | 398. A | 399. A | 400. A |
| 401. A | 402. A | 403. B | 404. A | 405. A |

| | | | | |
|---|---|---|---|---|
| 406. A | 407. A | 408. A | 409. B | 410. A |
| 411. A | 412. B | 413. A | 414. A | 415. B |
| 416. A | 417. A | 418. A | 419. B | 420. A |
| 421. A | 422. A | 423. A | 424. A | 425. B |
| 426. A | 427. A | 428. A | 429. A | 430. A |
| 431. A | 432. A | 433. A | 434. A | 435. A |
| 436. B | 437. A | 438. B | 439. B | 440. A |
| 441. A | 442. A | 443. A | 444. B | 445. A |
| 446. B | 447. A | 448. A | 449. A | 450. A |
| 451. B | 452. A | 453. A | 454. A | 455. A |
| 456. A | 457. A | 458. A | 459. A | 460. B |
| 461. A | 462. B | 463. A | 464. A | 465. A |